기업의 인재관리 전략

2013년도
대한민국학술원 선정
우수학술도서
이 도서는 교육부의 지원으로
대한민국학술원에서 선정한
"2013년도 우수학술도서"임.

서울대학교 경영연구소
기업경영사연구총서 31

기업의 인재관리 전략

하나금융그룹 사례를 중심으로

펴낸곳 서울대학교출판문화원
펴낸이 오연천
지은이 김성수

초판 1쇄 발행 2012년 2월 25일
초판 2쇄 발행 2013년 8월 30일
출판등록 제15-3호

주소 서울 관악구 관악로 1 우편번호 151-742
대표전화 02-880-5252 **팩스** 02-888-4148
마케팅팀(주문상담) 02-889-4424, 02-880-7995
이메일 snubook@snu.ac.kr
홈페이지 www.snupress.com
영문홈페이지 eng.snupress.com

ISBN 978-89-521-1300-9 94320
세트 978-89-521-1016-9

2013 대한민국학술원 우수학술도서

서울대학교 경영연구소 기업경영사연구총서 31

기업의 인재관리 전략

하나금융그룹 사례를 중심으로

김성수 지음

서울대학교출판문화원

Human Resource Management of Hana Financial Group

Seongsu Kim

Seoul National University Press

머리말

본 서는 인재관리 전략을 효과적으로 실천하고 있는 하나금융그룹의 사례를 자세히 설명하는 데 그 목적이 있다. 하나금융은 1971년 한국투자금융주식회사로 출범하여, 한국을 대표하는 금융그룹 중 하나로 비약적인 성장을 이루었다. 현재 하나금융그룹은 개인금융 부문, 기업금융 부문, 자산관리 부문에서 고루 뛰어난 활약을 보여주고 있다. 하나금융그룹에서 가장 큰 비중을 차지하는 하나은행은 세계적 금융전문지인 『유로머니(*Euromoney*)』 지로부터 '2011년 대한민국 최우수 프라이빗 뱅크'로 선정되면서 지난 7년간 연속하여 대한민국 최고의 프라이빗 뱅크상을 받고 있다. 이와 같이, 국내·외에서 이룩한 하나금융그룹의 명성은 임직원들의 열정과 노력의 산물이라 할 수 있다.

특히, 하나금융그룹은 우수한 인재를 선발하고 이들을 개발하는 데 각별한 노력을 기울여왔으며 본 서는 하나금융그룹의 인재관리 전략에 대해 자세히 기술하였다. 본 서는 서울대학교 경영대학 MBA과정에서 학생들에게 경영사례로 교육하기 위해 만들어졌다. 하지만 하나금융의 인재관리 전략에 관심이 있는 사람이라면 누구라도 본 서를 통해 어떻게 하나금융그룹이 인재를 관리하고 있는가를 배울 수 있을 것이다. 본 서의 저술을 위해 하나금융지주는 적극적으로 자료를 제공하여 주었다. 일반적으로 기업은 내부의 사정이 외부에 공개되는 것을 꺼려하는 편인데, 하나금융그룹은 이를 마다하지 않고 본 서의 저술에 내부의 자료를 적극 공개해주었다. 이는 앞으로 한국 경제를 짊어지고 나갈 젊은이들에게 도움을 주기 위함인 것이다. 또 본

서의 내용에 혹시라도 오류가 포함되지 않게 하기 위해 하나금융지주의 관계자들은 내용을 일일이 점검해주기도 하였다. 본 서는 본인의 단독 저술로 되어 있지만 하나금융그룹이 함께 저술했다고 해도 무방할 만큼 하나금융그룹은 적극적으로 참여해주었다. 이점에 있어서 이 책은 하나금융그룹이 한국 사회에 선사하는 하나의 사회공헌이라 해도 무방할 정도라고 생각된다. 이 자리를 빌어서 하나금융그룹에 감사 드린다.

마지막으로 본 서의 정리와 저술을 위해 커다란 도움을 준 박지성 석사에게 깊은 감사의 뜻을 표한다. 본 서가 기업의 인재개발 전략이나 금융업에 관심 있는 모든 분들에게 조그마한 도움이라도 되기를 바라면서 이만 맺고자 한다.

2012. 2.

관악산을 바라보며

김성수

차례

그림차례

표차례

I

은행 전환 이후 지난 20여 년간
금융의 새로운 역사를 만들어온 혁신의 원동력이 바로 '사람'임을
하나금융그룹의 인재관리 사례를 통해 개괄해본다
이를 위해 하나금융그룹이 어떠한 길을 걸어왔고,
어떠한 가치를 가지고, 어떻게 인재를 관리하는지,
그리고 궁극적으로 어디를 지향하는지에 대해 개략적으로 살펴보고,
이후 각 장에서 보다 심도 있게 알아보고자 한다.

다음 6개와 1개의 보너스 숫자는 무엇을 나타낼까?

84 396 40 34 1 91 + 50

84는 순이익 증가(154억 원 → 1조 2,981억 원) 비율을 의미한다.

그럼 396은 무엇을 의미할까?

396은 지점 수 증가(2개 → 792개) 비율을 의미한다.

또한

40은 직원 수 증가(325명 → 12,889명) 비율을 의미하며,

34는 시가총액 증가(3,099억 원 → 10조 6,773억 원) 비율을 의미한다.

그렇다면 '1'과 '91'은 무엇인지 감이 오는가?

1은 국내 최고 수준인 단위 점포당, 그리고 직원 1인당 수익성을,

91은 2007년에 달성한 Tier 1 기준 세계금융그룹 순위 91위를 의미한다.

마지막 하나 남은 '50'이 의미하는 바는, 그렇다.

50은 2015년까지 Global Top 50으로 도약하고자 하는 하나금융그룹의 의지이자 지향점을 나타내고 있다.

*본 수치는 하나은행으로 전환된 1991년부터 2007년까지의 17년간 성과를 기준한 것임.

제 I 장

들어가며

모든 기업들에서 '혁신(Innovation)'을 외친다. 경쟁자들보다 한발 앞서가기 위해서는 뭔가 달라야 하고, 소비자들에게 보다 어필하기 위해서는 뭔가 특별해야 한다고들 한다. 그러나 커피에 들어 있는 소량의 카페인이 어느덧 한낮의 졸음을 감당하기에는 버거운 시점이 오는 것처럼, '다름'의 일상화된 강조는 어느 순간 조직과 사람들을 '변화'와 '혁신'에 무감각하게 만든다. 머리로는 변화의 중요성과 혁신의 필요성을 알고 있지만, 실행 불능의 상태에 빠지게 되는 이때에 우리의 '다름'은 어느새 알맹이 없는 구호와 무기력을 동반한 변화 피로(Change Fatigue)로 전락해버린다.

특히 한국의 금융시장에서는 굳이 이러한 '다름'을 추구하지 않아도 되었던 때가 있었다. 그러던 때 과감히 이러한 판을 깨고 남다른 생각, 남다른 접근으로 비교할 수 없는 '탁월함'을 만들어온 조직이 있다.

이들은

1. 모든 사람들이 은행업무는 지점으로 가야 한다고 생각하던 시절 국내 최초로 이동점포를 이용한 움직이는 은행을 열고 손님을 직접 찾아가기 시작하였으며,
2. 야간 현금 인출이 어려웠을 때 자동현금인출기를 24시간 이용할 수 있도록 설치하였으며,
3. 국내에 펀드라는 것이 없던 시절 최초로 펀드를 개발하였고 이를 35년이 넘게 운용하여 기네스북에 오르기도 하였으며,
4. 국내 최초로 도입된 은행, 증권간 스윙서비스로 자산관리통장의 열풍을 몰고 오기도 하였으며,
5. 국내 최초 은행, 증권, 보험을 망라하는 복합금융점포를 설립하여 통합금융서비스를 제공하였다.

또한 이들에게는 자칫 고정관념을 심어줄 수 있는 사훈(社訓)과 사가(社歌)가 없다.

그럼에도 놀라운 성장을 통해 세계금융그룹 91위에 오른 그 조직을 우리는 '하나금융그룹'이라 부르며, 이러한 탁월함을 만들어온 그들을 우리는 '하나人'이라고 칭한다.

이제부터 우리는 다름을 추구하다 어느덧 최고가 된 하나인들에 대해 알아보려 한다. 이들이 어떻게 선발되고 전문가로 육성되는지를 살펴봄으로써 하나금융그룹의 혁신과 탁월함의 원천을 발견할 수 있을 것이다.

〈그림 Ⅰ-1〉 책의 내용 구성

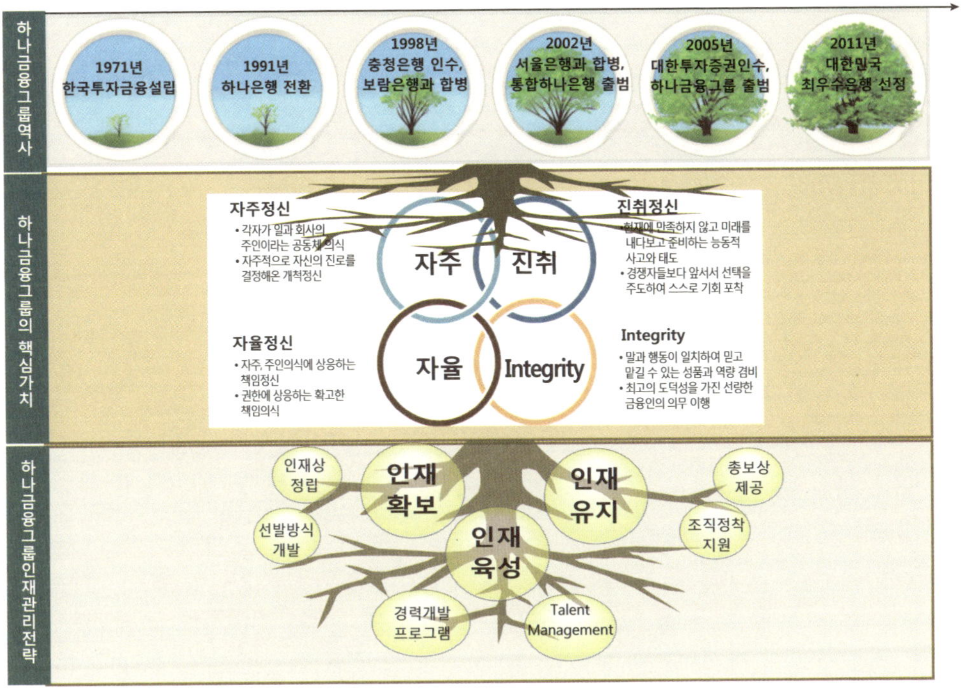

전반적인 내용 구성

한국 금융역사의 새 지평을 열어온 하나금융그룹이 어떻게 핵심인재들을 확보하고 육성하며 또 유지해 나가고 있는지를 살펴보기 위하여, 먼저 설립 이후 하나금융그룹이 걸어온 발자취를 되짚어보고 이러한 역사성을 바탕으로 조직이 어떠한 핵심가치를 내재화하게 되었는지를 알아본다. 이를 기반으로 하나금융그룹만의 독특한 핵심인재관리 전략을 인재확보, 육성, 그리고 유지의 세 가지 측면에서 살펴본 뒤, 마지막으로 외부 환경요인과 내부 조직의 지향점 등을 고려하여 인재관리 측면에서의 도전 과제들을 도출하고 이에 대한 해결방안을 고민해본다.

II

서로를 알아 간다는 것, 관계를 맺는다는 것은
상대방이 지금까지 지나온 발자취가
살아 숨쉬고 있는 오늘을 마주 대한다는 것이며,
곧 과거형이 되어버릴 현재와 미래 간 교차의
찰나에서 함께 숨쉰다는 것이다.
지난 40년간 손님 한 분 한 분의 일생이 온다는 생각으로
기쁨과 정성으로 고객을 대했을 하나인들.
이들은 과연 어떠한 길을 걸어 왔고,
지금 어떠한 모습으로 서 있으며,
그리고 그 발걸음 속에서 어떠한 미래를 꿈꾸고 있는지를 알기 위해
이 장에서는 하나금융그룹이 들려주는 발자취의
기록들을 거슬러 올라가 본다.

사람이 온다는 건
실은 어마어마한 일이다.
그는 그의 과거와 현재와 그의 미래와 함께 오기 때문이다.
한 사람의 일생이 오기 때문이다.
부서지기 쉬운 그래서 부서지기도 했을 마음이 오는 것이다.
그 갈피를 아마 바람은 더듬어 볼 수 있을 마음.
내 마음이 그런 바람을 흉내 낸다면 필경 환대가 될 것이다.

정현종의 『방문객』 中

제 II 장

하나금융그룹의 역사

1 하나금융그룹의 전신

하나금융그룹의 역사를 제대로 알기 위해서는 우선 한국 근 · 현대사를 간단히 되짚어 볼 필요가 있다. 한국의 근 · 현대사는 일본식민지배와 해방, 뒤이은 한국전쟁으로 얼룩지면서 정치 · 사회 · 경제 등 전 분야에서 큰 어려움을 겪는다. 특히 미국의 원조에 의존하고 있던 경제구조는 수동적 경제활동을 지속시키게 되는데, 1960년대에 들어 정부 주도의 경제개발 5개년 계획이 실시되면서 고도성장의 기반을 확보하게 된다. 이 과정에서 생산 기반이 취약한 기업들은 투자 자금이 절실하였으나, 자본 축적이 빈약했던 당시 기업들은 관계법률이나 감독기관에 의해 엄격하게 규제되고 있던 제도 금융권을 통한 자본 확보에 어려움을 겪고 있었다. 이에 기업들은 사설금융시장인 고리사채를 통해 자금을 확보하게 되었고, 그 결과 기업재무구조는 악화되

〈그림 II-1〉 한 눈에 보는 하나금융그룹 역사

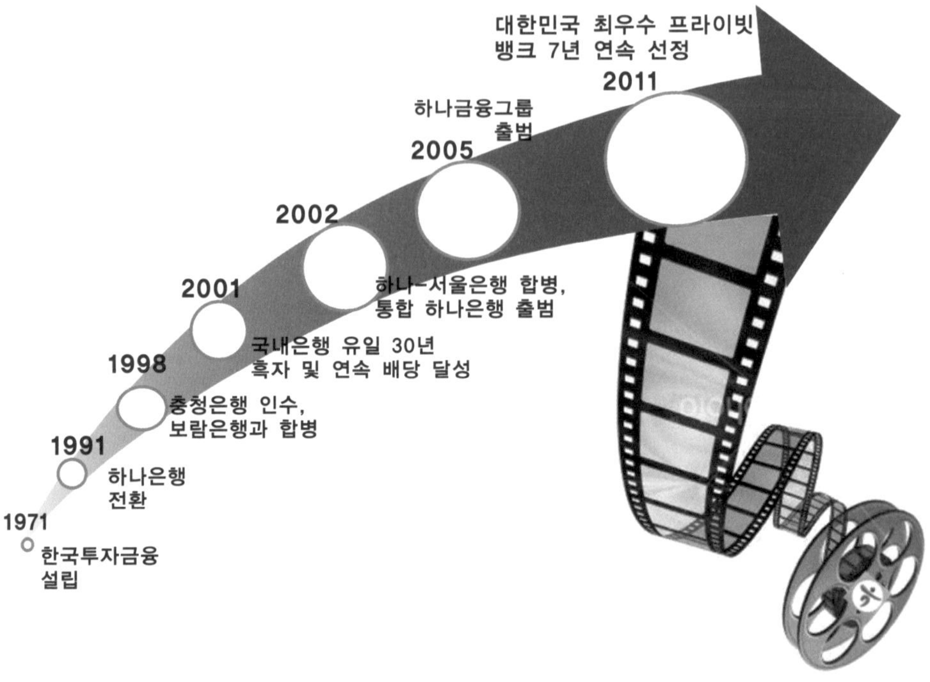

고 생산원가가 상승하는 악순환이 발생하게 된다. 사채에의 과도한 의존은 취약하고 불건전한 기업의 재무구조를 영속화시키며 기업 환경을 더욱 열악하게 만드는 요인으로 작용하였다. 이러한 측면에서 당시 한국 금융시장의 가장 중요하고도 시급한 과제는 거대 규모의 사금융 시장 자금을 제도금융권으로 유인하여 단기 금융시장 개발을 활성화하는 것이었다. 이를 위해 1971년 6월 25일 한국투자금융주식회사(이하 한국투자금융)가 설립된다.

한국투자금융이 설립된 시점은 1971년이나 금융시장의 문제점을 시정하기 위한 논의들은 이미 1960년대 말부터 있어 왔다. 한국투자금융의 시초라고 할 수 있는 한국개발금융이 1967년 설립되어 기업들은 시설투자에 필요한 장기시설자금을 융자받을 수 있게 되었으나, 여전히 단기 운영자금을 빌릴 수 있는 곳은 턱없이 부족한 실정이었다. 이에 당시 한국개발금융관계자들과 국내 · 외 금융전문가들이 모여 1970년 6월과 9월에 각각 「단기자금시장의 체계화 방안」 및 「한국의 금융 및 자본시장과 그 개발 가능성」이라는 보고서와 책자를 통해 "국내 장단기 금융시장 개발을 위해 국제금융공사와의 합자형태로 민간금융 중개기관을 설립하는 것이 바람직하다"는 방안을 제시하기에 이른다. 즉, 국내 금융시장 및 자본시장의 효율적인 개발을 위해서는 고도의 유동성과 금액별 다양성을 지닌 단기 채무증권을 제공할 수 있는 새로운 기관이 필요하며, 이 경우 아시아개발은행(Asian Development Bank), 아주민간투자회사(Private Investment Company for Asia), 국제금융공사(International Financial Corporation) 등이 한국개발금융과 공동으로 자본참여하는 방안이 최적이라는 합의에 이르게 된다.

이러한 공통된 인식을 바탕으로 한국투자금융은 1971년 5월 19일 발기인회를, 6월 24일 창립총회를 개최한다. 총회 다음 날인 1971년 6월 25일 회사 설립등기를 완료하면서 국내에서는 최초로 순수 민간 금융중개기관이 탄생하게 된다. 이후 한국투자금융은 어음시장을 중심으로 하는 단기금융시장의 개발 및 업무영역 확대에 힘을 쏟으면서 증권발행시장에도 적극 진출하여 유가증권의 인수 및 주선 부문에서도 꾸준한 성과와 값진 경험을 축적해나간다. 1972년 증권업경영허가를 받은 후 폭넓은 금융업무를 수행하던 한국투자금융은 1980년에 이르러 영업 첫 해 대비 106배의 순이익이 증가하였고, 납입자본이익률과 자기자본이익률은 각각 93.3%, 49.2%를 달성하는 등 놀랄 만한 성장을 거듭한다.

이후 1980년대 불황이 이어지면서 정부는 경제운용 방식에 있어 시장 기능을 존중하는 방향으로의 전환을 모색하게 되는데, 이에 따라 금융부문에서도 자유화 및 개방화 정책이 점차 추진되기 시작한다. 그러던 중 1982년 이른바 '이철희-장영자 사건'이 발생하게 되는데, 기업들이 줄줄이 부도사태를 일으키며 이와 연루된 대다수의 금융기관 역시 큰 피해를 입게 된다. '단 10원의 실적을 올리지 못하는 일'은 용서할 수 있어도 '10원이라도 부당하게 처리되는 일'은 결코 용납될 수 없다는 원칙을 고수하고 있었던 한국투자금융은 손실의 사각지대에 있었지만, 대형 금융사건을 계기로 정부가 다각도의 조치를 마련하기 시작하면서 한국투자금융 역시 그 영향을 받게 된다. 특히 금융기관 간 경쟁을 촉진하기 위해 금융시장에의 진입제한을 완화한 정책 실시로 1982년부터 그 이듬해까지 신한은행과 한미은행 2개의 시중은행과 12개의 투자금융회사, 58개의 상호신용금고 및 1개의 투자신탁회사가 신설된다. 이렇게 경쟁이 격화되는 와중에서도 한국투자금융은 오늘날의 '원 스톱 뱅킹(One-Stop Banking)'과 유사한 '기업고객 전담제도(Account Management System)'나 이제는 투자금융사의 주력상품으로 자리매김한 'CMA(Cash Management Account)' 등을 최초로 도입 · 실시하는 등 '늘 한 발 앞서 가는 진취정신'과 '고객 제일주의 정신'을 실천하면서 시장에서의 입지를 오히려 강화한다.

모든 조직은 해당 조직이 잉태된 시점의 상황과 맥락적 상황에서 자유로울 수 없으며 조직 역사에 각인(Imprinting)된 기억(Organizational Memory)은 해당 조직이 성장하고 발전하는 과정 면면에 지대한 영향을 지속적으로 미치게 됨을 상기할 때, 이러한 자주, 자율, 진취에 기반한 한국투자금융의 태동 당시의 철학과 설립 시점의 취지는 하나은행으로의 전환 이후에도 고스란히 이어지게 된다.

각인과 경로의존성

1973년 노벨 생리의학상을 수상한 동물행동학의 대부인 콘라드 로렌츠(Konrad Z. Lorenz)는 어느 날 회색기러기 새끼가 막 태어나 처음 본 사물을 어미로 착각하고 졸졸 따라다니는 장면을 목격한다. 놀랍게도 어미 거위의 둥지에 넣어 부화된 회색기러기 새끼들은 회색기러기가 아닌 거위를 어미로 여겼으며, 인공부화기에서 부화된 기러기들은 처음 본 사람을 끈질기게 따라 다녔다. 이처럼 처음 본 사물을 어미로 인식하고 따라다니는 현상을 로렌츠는 '각인(Imprinting)'이라고 명명하였는데, 이 용어는 비단 동물행동학뿐 아니라 미국의 저명한 사회학자인 아서 스틴치콤(Arthur L. Stinchcombe)에 의해 조직학에도 도입되어 조직 설립의 초기 환경이나 특성 등이 향후 조직의 모습 형성에 지속적으로 지대한 영향을 미친다는 개념으로 사용되기 시작하였다.

이러한 초기 각인 효과는 조직이 성장하고 발전하는 과정에서 현재의 패턴에 대한 강한 되먹임 작용(Feedback)을 만들어내며 과거에 기반하여 현재를 형성하게 되는데, 이를 통해 또 다시 미래가 만들어지는 강력한 연결고리를 '경로의존성(Path Dependence)'이라고 한다. 현재와 미래의 조직은 과거와 결코 분리되어 있지 않다는 이러한 속성으로 말미암아 조직은 그 자체로 다른 조직들과 구분되는 특이성(Distinctiveness)과 독자적인 역사를 가질 수 있게 되는 반면, 이러한 강력한 유산들은 해당 조직을 과거에 속박시킴으로써(Lock-In) 새로운 변화 실행에 일종의 족쇄로 기능할 수도 있다.

하나금융그룹의 전신인 한국투자금융그룹이 최초의 민간투자금융기관으로 설립된 이후 계속 강조해온 자주, 자율, 진취는 하나금융그룹의 역사 속에 깊이 각인되어 있으며 이 세 가지 정신은 설립 후 40여 년이 지난 지금까지도 '경로의존성'을 통해 여전히 하나금융그룹 및 전 하나인들에게 지대한 영향을 미치고 있다.

2 한국투자금융에서 하나은행으로

1980년대 후반 급속히 진행된 세계화(Globalization)로 인한 국제화의 개방 압력은 1992년으로 예정되어 있던 자본시장 자유화와 우루과이라운드 협상으로 보다 가속화되고 있었다. 반면 당시 한국의 자본시장은 1985년 이후 수년간 이어진 이른바 '3저(低) 호황'으로 인한 통화량의 폭발적 증가를 제대로 수용하지 못하고 있는 상태였다. 이에 부동산 경기가 과열되고 물가가 폭등하는 등 경제 전반에 불안정 요소가 상존하고 있었다. 이로 인해 정부에서는 1990년 금융산업개편 조치를 시행하게 되는데, 이 조치는 당시 32개 회사가 난립함으로써 과다 경쟁을 하고 있던 투자금융회사들의 전환을 주요 골자로 하고 있었다. 당시 정부가 결정한 기본 방침은 은행 또는 증권회사로의 자율적 전환이나 잔류 투자금융회사의 단기금융시장 전문중개기관으로의 육성 유도 등이었다.

이러한 전환 조치에 있어 한국투자금융 역시 예외일 수 없었다. 그러나 한국투자금융 내부에서는 이미 1987년부터 이와 관련된 방안이 모색되고 있었고, 이후 매년 정례화된 워크숍에서 이와 관련된 토론이 지속적으로 이루어져 왔었다. 이를 통해 전체 임직원 및 주주들의 의견 역시 은행 전환이 회사 발전을 위한 필수적인 선택이라는 쪽으로 수렴되었다. 이처럼 경영진과 주주, 그리고 직원 등 모든 내부 구성원들의 의견 조율을 마친 후 은행 전환이라는 결정을 내린 것은 자주와 자율이라는 창립 정신과도 맥을 같이 하며, 현재까지도 하나인들의 주인정신의 밑거름이 되고 있는 부분이다. 다양한 이해 관계자들의 공통된 인식을 바탕으로 한국투자금융은 1987년 이후 직원연수 부문에 타사 대비 2배 이상의 인원과 예산을 투입하며 은행으로 전환 이후 필요한 인적자원의 역량 강화에 대대적으로 투자한다. 또한 1990년 12월에는 '장기발전 기획준비팀'이라는 실무팀을 구성하여 업무를 시작하였으며, 1991년 6월 25일 한국투자금융의 창립 20주년 기념행사를 끝으로 본격적인 하나은행이 출범하기에 이른다.

하나은행의 의미

전 임직원 간 거듭된 토론과 폭넓은 의견 수렴을 통하여 은행으로의 역사적 전환이 성사되었듯, '하나은행'이라는 이름 역시 전 구성원들의 의견 수렴 과정을 거쳐 탄생되었다. 처음에는 한국투자금융의 성공을 계승한다는 의미에서 '한국투자은행'과 같은 이름이 거론되었으나, 업종 전환을 하면서 보다 발전적 의지와 미래지향적 자세를 오롯이 담아내기 위하여 새로운 이름을 짓게 된다. 이를 위해 수차례 토론이 이루어졌으며, 전 직원을 대상으로 사내 공모도 실시되었다. 흥미로운 점은 제일 먼저 거론된 이름이 '우리은행'이었다는 것이다. 그러나 '우리'라는 명사가 가진 보편성과 일반성 때문에 다른 이름을 찾게 되었고, 다음으로 거론된 이름이 바로 '하나'였다. 이후 1991년 임시주주총회에서 한국투자금융의 새로운 상호로 '하나은행'을 최종 결정하였는데, 새로운 이름 '하나'는 단순히 사전적 의미인 '으뜸', '출발', '기초', '유일하다', '더불어 한다'에서 더 나아가 보다 폭넓은 의미를 담고 있다.

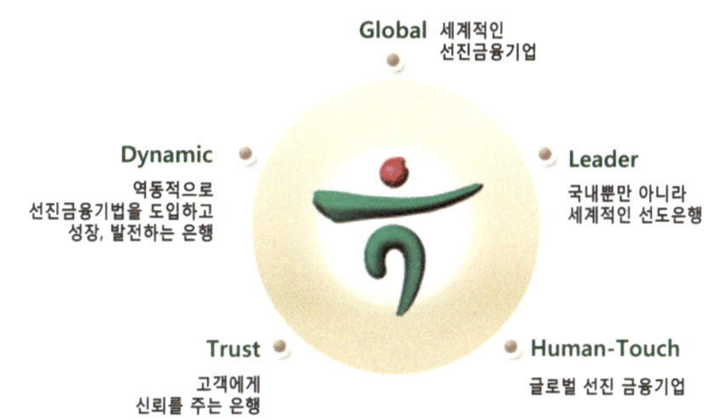

심볼마크

심볼마크는 로고타입과 함께 CI의 가장 기본요소로서 기업이미지를 표출하는 핵심적인 부분입니다. 하나은행 심볼마크는 고객에게 환영하는 자세를 역동적으로 표현함과 함께 세계로 뻗어 가는 하나인의 진취적인 기상을 형상화하였습니다.

즉, 하나은행에서의 '하나'는

- **자주 · 자율 · 진취의 창업정신을 '하나'로 이어가고자 하는 정신**이자,
- **오직 손님의 기쁨, 그 '하나'를 위하여 최선을 다하고자 하는 마음**이며,
- **'하나'에서부터 새로 시작한다는 각오로 단단하게 쌓아가고자 하는 자세**이다.

은행 이름을 짓는 과정에서 보여준 전 직원들의 열의와 진지함은 이러한 '하나'의 정신을 고스란히 보여준다고 할 수 있다.

하나은행의 사명(社名)뿐 아니라 심벌마크 역시 새로움과 진취성을 담고자 하였는데, 심벌마크의 아이디어는 『아이를 잘 만드는 여자』라는 에세이를 집필하기도 한 유명 닥종이 인형작가 김영희 씨의 '귀로(歸路)'라는 작품에서 얻었다. 이 작품은 광주리를 이고 있는 어머니 앞의 아이가 반갑게 누군가를 맞이하는 모습을 표현하고 있는데, 이 반갑게 맞이하는 아이의 모습이 고객 속으로 뛰어가고자 하는 하나인의 의지와 고스란히 겹쳐진다. 이 작품의 이미지와 하나은행 이름의 첫 자음 'ㅎ'을 모티브로 한 심벌마크를 제작하는 작업이 진행되었고, 그 결과물이 이제 어느 하나은행을 가더라도 항상 고객을 친근하게 맞아주는 하나인의 '얼굴'이 되었다.

3 하나은행의 성장과 발전

경쟁자들에 비해 상대적으로 후발주자였던 하나은행은 고객들에게 보다 밀착된 서비스를 제공함으로써 경쟁력 확보에 박차를 가한다. 번화가보다는 고객들이 편하게 찾을 수 있는 곳에 지점을 개설하고, 기업 고객들의 편의를 위해 고층빌딩 중간층에 위치한 스카이(sky) 점포를 마련하기도 한다. 뿐만 아니라 고객과 만나는 최일선 접점인 각 영업점의 특성을 최대한 살리기 위해서 '지역하나은행주의'를 채택함으로써 '○○지점' 대신 '○○하나은행'의 명칭을 사용한다. 또한 지역하나은행들이 점차 독립된 경영단위로서 자율성을 확보해감에 따라 해당 지역의 특성에 맞는 독특한 홍보 및 영업전략을 구사하기 시작하였는데, 가락동 농수산물시장의 상인들을 위해 송파 하나은행이 마련한 모닝 뱅크 서비스나 야구 입장료 수입금을 수납해주는 잠실 하나은행의 야구장 수납대행 서비스, 인근 사업자 및 업체를 방문하여 은행관련 업무를 처리해주는 파출서비스 제도 등이 대표적인 예라 할 수 있다. 또한 직업이나 나이별로 고객을 분류하여 고객 특성에 맞는 서비스를 제공하는 '클럽 상품 시리즈'나 환경보존을 위한 국내 최초의 금융상품인 '하나푸른적금' 등은 고객에게 새로운 가치를 전달하고자 다양한 상품을 개발하고 제도를 실행하려는 하나인들의 노력을 잘 보여준다.

이러한 지속적인 고객 만족 및 서비스 혁신 결과, 하나은행은 은행 영업 2년 만에 국제적 명성을 가진 금융경제지 『유로머니(*Euromoney*)』가 선정한 'Euromoney Awards for Excellence 1993'의 Country Awards 부문에서 '한국을 대표하는 최우수 은행(Best Bank in Korea)'으로 등극한다. 1992년부터 시작된 '유로머니 상'은 매년 세계 금융시장 및 주요 금융상품의 26개 각 부문에서 두각을 나타낸 금융기관을 선정하여 발표하고 있는데, 1993년 추가된 지역별 · 국가별 우수 금융기관 부문에서 하나은행이 영업 2년 만에 국내 은행 중 최초로 '최우수 은행' 평가를 받게 된 것이다. 뿐만 아니라, 은행 전환 3년 9개월 만에 은행 역사상 최단기간에 총수신고 10조 원 달성이라는 쾌거를 이루어낸다.

연이어 1997년에는 홍콩의 경제 및 금융분야 유력지인 『파이낸스 아시아(*Finance Asia*)』에서 하나은행은 '한국을 대표하는 최우수 은행(Best Domestic Bank in Korea)'으로 선정되는 영예를 안는다.

〈그림 II-2 〉『유로머니』 및 『파이낸스 아시안』 선정 '한국을 대표하는 최우수 은행'

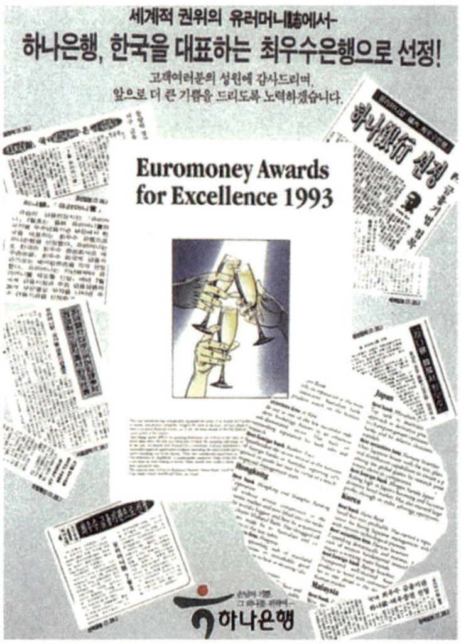

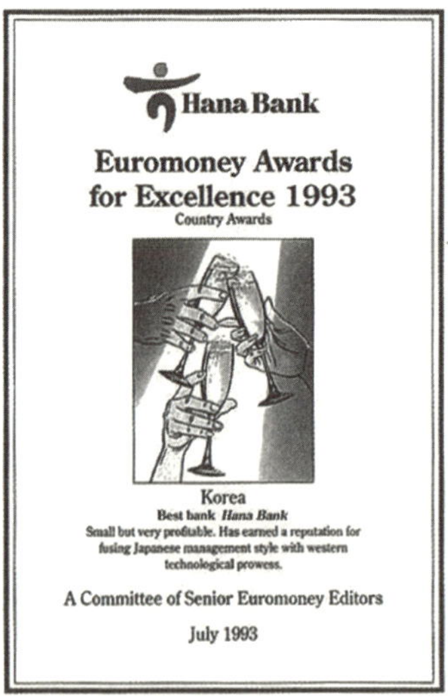

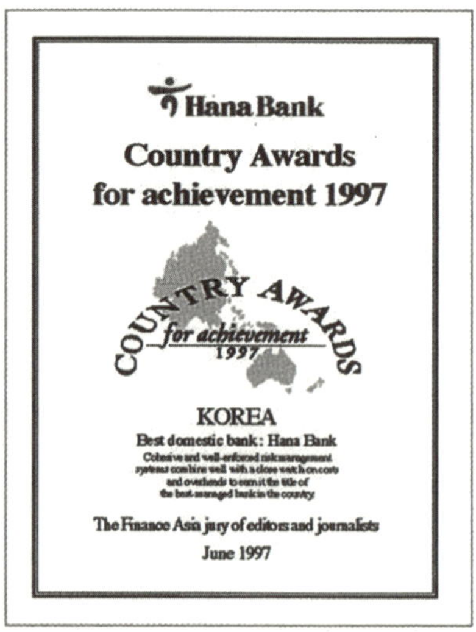

4 외환위기 시 하나은행의 대응

하나은행의 놀라운 성장세가 이어지는 가운데, 1997년 11월 한국은 외환위기로 말미암아 IMF에 구제금융을 신청하게 된다. 그 결과 경제 전 분야에서 강도 높은 구조조정이 진행되었는데, 부실대출을 해온 종금사 14개사가 1997년 12월과 다음 해 1월 영업정지되었고 제일은행과 서울은행이 부실금융기관으로 결정되었다. 6월에는 동화 · 대동 · 동남 · 경기 · 충청 5개 은행이 퇴출 조치를 받았으며, 3만여 명의 은행원들이 직장을 떠나야 했다. 이러한 적자생존의 상황 속에서 이제는 '은행도 망할 수 있다'는 인식이 팽배해졌고, 그 결과 소위 '우량 은행'과 '비우량 은행' 간 구분이 생기기 시작한다.

1997년 2월 취임하여 외환위기 파고에서 하나은행호의 수장이 된 김승유 행장은 1998년 신년사를 통해 전 하나인들에게 '기본으로 돌아갈 것'을 강력히 주문한다. 그는 먼저 금융인의 기본 정신이 정직과 성실에 기초한 윤리의식임을 강조하였으며, 맡은 일에 대해 책임감을 가지고 정확하게 처리하는 프로의식을 갖출 것을 당부하였다. 마지막으로 '손님의 기쁨 그 하나를 위하여' 최선을 다하려는 정성 어린 마음가짐을 늘 되새길 것을 거듭 강조하였다. 이를 통해 전 하나인들은 처음의 마음가짐을 다시금 새기며 외환위기의 파고를 헤쳐갈 의지를 굳게 다지게 된다.

한국에서 외환위기 여파로 금융기관의 퇴출작업이 급속히 이루어지고 있었다면, 당시 미국과 유럽 등의 금융기관들에서는 합병 및 겸업을 통한 대형화로 대변되는 금융빅뱅이 진행되고 있었다. 1998년 4월 미국에서는 시티코프와 트래블러스그룹이 합병하여 세계 최대의 금융기관인 시티그룹으로 재탄생하였으며, 1주일 뒤에는 뱅크 오브 아메리카와 네이션스뱅크 등의 합병 소식이 전해졌다. 이러한 미국의 초대형 합병에 영향을 받아 독일 최대 은행 도이체방크가 프랑스 및 스위스계 은행들과 합병을 논의하였으며, 크레디트스위스와 영국의 HSBC홀딩스 역시 합병을 타진하기 시작한다.

이러한 전세계적인 인수합병 바람과 한국의 부실 금융사 정리 흐름은 국

〈은행권 구조조정에 대한 당시 동아일보 기사(1998년 5월 1일)〉

금감위 경영실사 착수… 불안한 은행들의 앞날

정부가 은행권 구조조정의 워밍업을 끝내고 가속페달을 밟기 시작했다.

30일 금융감독위원회 은행감독원에 경영정상화계획서를 제출한 은행은 모두 12개. 경영개선권고를 받은 조흥 상업 한일 외환 충청 경기은행과 경영개선조치요구를 받은 동화 동남 대동 평화 강원 충북은행 등이다.

금감위는 이 계획서를 검토, 이르면 6월말경 일부 은행에 대해 합병이나 폐쇄명령 등 강도높은 구조조정을 시작할 계획이다.

올 8~9월은 은행이 문을 닫거나 통폐합되는 등 금융시장 초유의 대대적인 개편이 벌어지는 '뜨거운 여름'이 될 것 같다.

▼알맹이 없는 계획서=계획서를 작성한 12개은행 종합기획부 담당자들은 하나같이 "솔직히 말해 알맹이는 없다"고 고백했다.

정상화의 핵심인 자본확충계획을 조기에 실천하겠다는 은행은 거의 없는 상태. 조흥 상업 한일은행 등 대형은행들조차 증자계획을 대부분 내년 하반기 이후로 미뤘다. 주가가 형편없이 낮은 수준이기 때문이다.

은행들은 그 대신 기존점포를 올해 안에만 30~40개씩 줄이고 인력을 2천명까지 정리하는 등 '뼈를 깎는' 자구계획을 실행하겠다고 밝혔다.

그밖에 조흥은행의 임원에 대한 스톡옵션제 도입 방안이나 한일은행의 외국인 이사대우 및 전문인력채용 계획 등이 눈길을 끈다.

▼경영진 교체여부도 관심=금감위가 밝힌 정상화계획 평가기준은 앞으로 6개월~2년내에 자본확충을 통해 국제결제은행(BIS)기준 자기자본비율을 8% 이상으로 끌어올릴 수 있느냐에 초점을 두고 있다.

그러나 금감위도 자본확충이 현실적으로 어렵다는 사실을 잘 알고 있는데다 제대로 된 증자계획을 제출한 은행이 사실상 전무하기 때문에 평가의 시선은 다른 항목에 집중될 가능성이 높다.

금감위가 강조하는 부분 중의 하나는 '경영층 및 간부의 교체'다. 부실경영에 책임이 있는 경영진 교체에 대한 필요성을 중점적으로 살펴보겠다는 것. 그러나 경영진 교체 의지를 밝힌 은행은 거의 없는 것으로 알려졌다.

이헌재(李憲宰)금감위원장은 "계획서가 경영평가위원회로부터 승인받지 못한 은행 경영진은 사회적인 퇴진 압력을 받게 될 것"이라고 강조했다.

금감위는 그밖에 위험자산의 축소와 신용분석시스템, 내부감사 기능 강화계획 등 경영능력도 검토할 계획이다.

▼나머지 12개 은행도 예외가 아니다=금감위 관계자는 "자기자본비율이 8%를 넘은 은행들도 일부 은행을 제외하고는 이번에 경영정상화계획을 제출한 12개 은행과 오십보백보"라고 말했다.

경영능력 3등급 분류
'부실' 판정땐 폐쇄 조치
他은행도 7월부터 실사
경영진교체-통폐합 추진

금감위는 7월경 이들 8% 이상의 12개 은행이 상반기 가결산을 마친 뒤 경영진단을 실시해 이를 토대로 구조조정을 할 계획. 총 24개 은행의 구조조정 작업은 늦어도 9월경에는 마무리한다는 방침이다.

▼망하는 은행이 나온다=금감위는 은행을 우량 보통 부실의 3개 등급으로 나눠 '부실은행'은 반드시 퇴출(폐쇄)시키겠다는 의지를 불태우고 있다. '보통은행'은 경영진 퇴진과 다른 은행과의 통폐합을 통해 정상화시킬 계획.

폐쇄 합병대상은 경영정상화계획서와 미국 6대 회계법인이 벌이고 있는 경영진단결과가 나오는 5~6월경 윤곽이 드러난다. 예금자보호를 위한 재원조달여부가 은행 폐쇄 등의 장애가 될 수도 있다.

〈이용재기자〉

은행별 경영정상화 계획서 주요 내용

(BIS기준 자기자본비율 6~8%미만)

은행	내용
조흥	•내년중 1천억원(시가발행), 2000년중 1천억원(액면가발행) 유상증자 •올해중 해외전환사채 1억달러 발행추진 •올해안에 업무용건물 4백억원어치 매각 •향후 3년동안 직원 2천명 감축 •외부감사영입 •배드 뱅크(Bad Bank)설립해 부실자산 정리
상업	•내년중 2천억원 증자 •내년중 본점(공시지가 3백58억원) 등 매각 •3년동안 직원 1천5백명, 지점 60개이상 감축
한일	•내년중 2천억원 증자 •합숙소 등 매각 •3년동안 직원2천명, 지점 90개 감축
외환	•독일 코메르츠방크로부터 4천5백억원 외자도입 추진
경기	•임직원대상 1천억원 유상증자, 3백50억원 무상증자 추진 •지점 향후 3년동안 27개 감축
충청	•하반기중 대전지역 상공인을 상대로 1천5백억원 증자(증자의향서 첨부)

(BIS기준 자기자본비율 6%미만)

은행	내용
동화	•10월경 이북5도민 출신 기업이나 개인을 상대로 2천5백억원 증자(증자의향서 첨부) •올해 지점 20개 감축 •동화파이낸스 2000년까지 감량경영 추진 •동화리스 지분 축소
동남	•하반기중 부산지역 상공인을 상대로 1천억원 증자(증자의향서 첨부) •내년까지 점포 24개, 인원 1백50명 감축 •국제금융업 축소 •올해중 홍콩 현지법인, 인도네시아 현지법인 매각 •자회사인 동남리스 업종전환 추진
대동	•올 하반기중 대구 영남지역 상공인을 상대로 1천억원 증자(증자의향서 첨부) •정부출자 2천억원 요구 •내년까지 점포 30개, 인원 6백50명 감축
평화	•임직원 참여로 6월말전 1백50억원 유상증자 •정부출자요구 •내년까지 점포 20개, 인원 3백명 감축
충북	•하반기중 충북지역 상공인을 상대로 6백억원 증자(증자 의향서 첨부) •대우그룹 증자참여 유도 •올해중 점포 7개 축소, 2000년까지 인원 2백명 감축 •중앙리스 등 자회사 지분축소
강원	•현대종금과 합병통한 증자 추진 •연수원 등 매각

(자료 : 각은행)

은행권 구조조정 일정

4월30일	경영개선명령을 받은 12개 은행 경영정상화계획 제출
5월초	-은행별 기업부실판정위원회 설치 -구조조정상황실 가동
5월말	미국 6대 회계법인의 12개 은행에 대한 경영진단 마무리
6월10일	은행 경영평가위원회 구성(우량 보통 부실은행 등 3등급으로 분류)
7월경	경영평가위원회 평가를 토대로 부실은행 정리(부실은행은 경영진교체 합병 폐쇄 등 조치)
8월경	자기자본 비율 8% 이상인 12개 은행의 상반기 가결산이 끝난 뒤 경영진단을 실시하고 경영개선계획안 제출 지시, 이를 토대로 정리
11월15일	서울 제일은행 매각시한(시한 이전에라도 매각토록 노력)

내 금융기관의 인수합병 움직임을 촉신하는 기폭제로 사용한다. 일례로, 1968년 대전시와 충청권 지역경제를 기반으로 순수 향토자본에 의해 설립된 충청은행은 지역 주민들과 직원들의 노력에도 불구하고 1998년 6월 퇴출이 결정되는데, 하나은행은 자산부채 인수방식을 통해 그해 10월 충청사업본부를 정식 출범시키게 된다. 이때에도 지역밀착경영을 위해 공식 명칭은 '충청하나은행'으로 사용하게 되는데, 이는 해당 지역민들에게 보다 가까이 다가가려는 하나은행의 의지를 읽을 수 있는 대목이라 할 수 있다.

충청은행뿐 아니라, 1991년 한양투자금융과 금성투자금융의 합병을 통해 은행으로 전환한 보람은행 역시 1995년 총수신 10조 원을 달성하는 등 중견은행으로서의 위치를 확보하였지만, 외환위기 이후 일부 기업 여신의 부실화 및 동남아 투 · 융자 부문에서의 부실, JP모건 관련 소송까지 겹치면서 총체적 어려움을 겪게 된다. 국내 은행 간 인수합병이 위기 해결에 있어 최적의 방안이라고 판단한 보람은행 경영진은 합병 파트너로 하나은행을 고려함으로써 하나은행과 보람은행 간 합병의 물꼬가 트이기 시작한다. 1998년 9월 합병을 선언한 하나은행과 보람은행은 그 해 12월 합병에 대한 최종 인가를 획득하게 된다. 이러한 일련의 합병 과정을 통해 하나은행은 총자산 44조 원, 총수신 33조 원, 자기자본 1조 4,000여 억 원, 278개 영업점을 갖추게

〈하나-보람은행 합병에 대한 당시 동아일보 기사(1998년 9월 9일)〉

하나-보람은행 어제 합병 공식선언

총자산 41조 국내7위 도약

인원-점포 대대적 정리
내년 1월1일 새출범

하나은행과 보람은행이 8일 합병을 공식선언했다.

김승유(金勝猷)하나은행장과 구자정(具滋正)보람은행장은 이날 은행연합회관에서 합병에 관한 양해각서(MOU)를 교환했다.

두 은행은 합병으로 총자산규모 41조1천2백11억원(하나은행이 인수한 충청은행 제외)에 이르는 국내 7위의 은행이 된다.

김행장은 양해각서 교환 후 가진 기자회견에서 "국내 다른 은행과의 추가합병은 현재로선 구상한 바가 없다"고 말했으나 두 은행 관계자들은 다음 합병대상으로 장기신용은행을 거론하고 있다.

두 은행은 내년 1월 1일 합병은행을 출범시키기 위해 △10월15일까지 자산부채 실사 및 주식병합비율 산출을 끝내고 △10월 26일까지 확대이사회에서 합병을 결의하며 △10월 27일까지 합병계약서를 체결한 후 △12월 7일까지 합병승인 주주총회를 연다는 추진일정을 마련했다.

합병후 존속법인은 하나은행으로 하며 명칭은 추후 은행장간의 합의로 결정하되 합의가 이뤄지지 않으면 기업이미지(CI)전문기관에 결정을 맡기기로 했다.

두 은행은 합병 후 4백명 이상의 인원축소와 2백16개에 달하는 점포의 과감한 통폐합으로 시너지 효과를 높이고 선진국 은행처럼 연봉제와 독립사업부제를 도입할 계획이다.

두 은행은 또 합병후 국제결제은행(BIS)기준 자기자본비율을 하나은행 수준(10.47%)에 맞추기 위해 정부에 무의결권 우선주 형태로 수천억원규모의 증자를 요청할 방침이다. 〈송평인기자〉
pisong@doinga.com

하나 보람은행 현황
(단위 : 백억원, 명, 개)

	하나은행	보람은행	합병후
총자산	2,369	1,744	4,111
자기자본	89	47	137
납입자본	34	17	52
총수신	1,786	1,262	3,049
총여신	963	868	1,832
직원수	1,709	1,565	3,274
점포수	111	105	216
창립일	71년6월	73년6월	
은행전환일	91년7월	91년9월	
전환전금융기관명	한국투금	한양투금+금성투금	

(자료:하나 보람은행)

된다.

한편, 2000년대 초반까지 정부와 국내 금융기관들은 IMF 금융위기를 계기로 내부 건전성과 수익기반을 다지기 위하여 자체적인 내부 구조조정과 적극적인 해외투자자본 유치, 타 은행과의 인수 합병 등을 활발히 추진한다. 특히 1998년 IMF 이후 대표적인 부실 금융기관으로 지목된 서울은행에 5조 6,000억 원의 공적 자금을 투입하였던 정부는 서울은행의 경영정상화는 물론 조기 공적 자금 회수가 가능하다는 판단 하에 타 중형은행들과의 M&A를 결정하게 된다. 은행들의 대형화 추세 속에서 상대적으로 소액 개인고객 비중이 높았던 서울은행과의 합병은 당시 기업 고객과 거액 자산가 중심의 개인고객 위주였던 하나은행의 수익 포트폴리오를 다변화시킴으로써 높은 시너지 효과를 가져올 것으로 전망되었다. 2002년 9월 27일, 마침내 하나은행과 서울은행은 합병을 위한 본 계약을 체결하였으며 다음 달 합병 승인 주주총회를 거쳐 12월 1일 통합 법인을 출범한다. 서울은행과의 합병으로 하나은행은 합병 당시 기준 약 84조여 원의 규모로 국민은행과 우리은행에 이어 국내 3위의 대형 금융기관으로 또 한번 비약적 성장을 이루게 된다.

〈그림 II-3〉 통합하나은행 출범 후 광고

M&A, 성공과 실패

기업이 필요한 핵심 역량을 단기간에 확보할 수 있는 최적의 방안으로 여겨지는 인수합병(Mergers & Acquisitions)은 오히려 '승자의 저주(Winner's Curse)'로 탈바꿈하기도 한다. '승자의 재앙'이라고도 불리는 '승자의 저주'는 치열한 인수합병 경쟁에서 승리하였지만 이를 위하여 과도한 비용을 지불함으로써 오히려 위험에 빠지는 상황을 일컫는다. 1971년 미국 석유회사인 애틀랜틱 리치필드사(Atlantic Richfield Company: ARCO)에 근무하던 3명의 엔지니어들이 쓴 논문에 처음으로 언급된 이 개념은 미국의 행동경제학자인 리처드 탈러(Richard Thaler)가 1992년에 쓴 『승자의 저주(*The Winner's Curse*)』라는 책을 통해 경영학계 및 일반에서 널리 사용되게 된다.

승자의 저주는 입찰 경쟁에서의 승리만을 염두에 두고 지나치게 높은 가격으로 인수하려다 필요 자금을 조달하지 못해 모기업이 위기를 맞는 상황이나 높은 가격으로 인수한 기업이 그에 합당한 가치를 창출하지 못하는 경우가 해당될 수 있다. 후자의 경우에는 인수 기업 자체에 대한 정보 비대칭성으로 인해 생산 능력을 과대평가한 결과일 수도 있으나, 인수 후 합병 과정에서 발생하는 여러 가지 문제들(예: 직원들 간 대립 및 불화, 조직문화 혼란 등)로 인한 직원들의 사기 및 조직 성과 저하 역시도 포함될 수 있다. 이러한 점에서 인수합병은 체결 그 자체보다도 이후의 통합 작업(Post-Merger Integration: PMI)이 보다 중요하다고 할 수 있다.

사례를 통해 인수합병이 가지는 두 측면—승자의 저주 혹은 승자의 영광—을 살펴보도록 하자.

▶▶▶ 실패 사례: 다임러크라이슬러(DaimlerChryler)

1909년 유나이티드 스테이츠 모터 컴퍼니(United States Motor Company)로 처음 시작하여 1925년 회사 이름을 변경한 크라이슬러(Chrysler Corporation)

는 이후 제너럴 모터스(General Motors: GM), 포드(Ford)와 함께 미국 3대 자동차 회사로 성장하였으나, 해외 전략의 실패로 1979년 프랑스의 푸조에 매각되게 된 이후 1983년 말 재건된다. 독일 자동차 회사인 다임러벤츠의 경우 1883년 설립된 벤츠와 1890년에 설립된 다임러가 1926년 합병하면서 1950년대부터 1965년까지 흡수합병을 통하여 급속히 성장해온 기업이다.

1998년에 이 두 회사 즉, 독일의 다임러벤츠(Daimler-Benz)와 미국의 크라이슬러(Chrysler)가 합병된다는 소식이 전해지자 대부분의 사람들이 자동차업계에서 최고의 결합이라며 엄청난 시너지 효과를 기대해 마지 않았다. 일부에서는 2000년이 되기 전에 다임러크라이슬러(DaimlerChrysler)가 세계 최대의 자동차 회사가 될 것이라는 장미빛 예측을 앞다투어 쏟아내기도 하였다.

그러나 세기의 결합으로 불리던 합병을 통해 크라이슬러를 404억 7,000만 달러에 사들인 다임러벤츠의 주가는 이후 47%나 곤두박질 쳤으며, 결국 다임러벤츠는 인수가의 20%에 미치지도 못하는 수준에서 크라이슬러를 미국 사모펀드인 서버러스 캐피털 매니지먼트에 매각해버리고 만다.

이러한 두 기업 간 합병 실패의 대표적인 이유로 상이한 조직 문화와 이를 통합하는 데 필요한 역량 미숙이 꼽힌다. 독일 기업인 다임러벤츠의 조직문화는 보다 공식적이고 구조화된 경영(More Formal and Structured Management)에 뿌리를 둔 반면, 미국 기업인 크라이슬러는 보다 유연하고 자유분방한 방식(More Relaxed, Freewheeling Style)에 근거하고 있었다. 이러한 조직문화에 있어 현격한 차이가 있음에도 단기간에 다임러벤츠의 문화로 급속히 전환하는 과정에서 임직원들 간 갈등의 골이 깊어졌으며, 이는 이전에 크라이슬러에 근무하던 직원들의 조직 이탈을 가속화시키게 되었다. 이렇게 서로 간 반목이 지속되는 가운데 다임러크라이슬러의 성과는 곤두박질 쳤고, 결국 두 조직과 구성원들에게 상처만 남기고 위대한 합병의 실험은 철저한 실패로 일단락된다.

▶▶▶ 성공 사례: 시스코 시스템즈(Cisco Systems)

인수합병을 통한 성장전략을 취해온 시스코 시스템즈(Cisco Systems)는 지난 7년간(1993~1999) 40건 이상의 합병을 성공리에 성사시켜 왔다. 뿐만 아니라 2007년 한 해에만 웹엑스를 포함한 11개 회사를 인수하기도 하였다. 이러한 시스코의 활발한 합병은 현금보유액이 실리콘 밸리에서 가장 높은 회사인 동시에 경기부진의 여파가 잦아들면서 시장 상황이 낙관적이기 때문이었다.

그러나 시스코 시스템즈가 이처럼 인수합병을 활발히 하는 보다 근본적인 목적은 기술적 기반 구축에 필요한 핵심인력을 확보하는 데 있다. 그런데 이러한 인수합병은 합병 후 통합작업(Post-Merger Intergration: PMI)이 원만이 이루어지지 않을 경우 오히려 인수한 기업에 큰 부담을 안겨줄 수 있으며 자칫 조직이 사라질 수도 있는 위험 요소이기도 하다.

이러한 위험을 최소화하기 위해 시스코 시스템즈의 인사담당 부사장은 인수합병 시 가장 먼저 피인수 기업의 인력들을 어떻게 시스코 시스템즈에 동화시키는지를 고려하고 이후 사업을 어떻게 해 나갈 것인지를 고민한다고 밝힌다. 이러한 맥락에서 인수합병팀을 구성할 때도 재무담당자나 기술전문가뿐 아니라 인사담당자를 포함시켜 시스코 시스템즈와 비전을 공유하고 조직문화가 유사한 기업을 가장 최우선 협상 대상으로 고려한다. 이 때문에 비록 높은 수익성이 예상되지만 조직문화가 상이한 기업은 고려 대상에서 과감하게 제외된다. 또한 합병 이후 문화적 통합을 위해 특별 오리엔테이션 프로그램뿐 아니라 두 조직 간 직원들의 1:1 연결인 '버디 시스템(Buddy System)'을 실시하는 등 시스코 시스템즈는 인수합병에 있어 인력 및 문화 통합 작업에 최우선 순위를 두고 있다.

위 사례들에서 보듯이, 인수합병에 있어 성공과 실패를 가르는 잣대는 합병 후 통합작업(Post-Merger Integration: PMI)에 있다고 할 수 있다. 이러한 합병 후 관리에 있어서의 핵심은 상이한 조직 배경을 가진 구성원들을 더 큰 하나로 묶어주는 '조직의 가치들(Organizational Values)'이 어느 정도로 조직 전반에, 그리고 구성원들 개개인의 인식 속에 체화 되었느냐 하는 것이다. 이것이 바로 하나금융그룹이 다양한 인수합병의 경험을 통해 이러한 핵심가치의 중요성에 대해 인지하고 핵심가치를 어떻게 구성원들에게 체화시키고 이를 제반 인사시스템과 연계시킬 것인가를 고민하는 이유이기도 하다.

5 더 큰 '하나'로의 도약, 하나금융그룹 출범

하나은행은 고성장의 발판을 마련하기 위하여 활발한 인수합병을 진행하였고, 그 결과, 2002년 서울은행과 합병하여 통합 하나은행이 출범하게 된다. 서울은행과의 통합 후 하나은행은 자산규모 면에서 국내 3위 은행이 됨으로써 명실공히 영향력 있는(Major) 금융기관으로 성장하게 되었다. 그러나 당시 금융산업 전반적으로 규모적 경쟁이 치열했던 상황 속에서 국내 1~2위를 목표로 하고 있던 하나은행은 추가 합병을 통해 외연적 성장작업을 지속하고자 하였다. 특히, 비은행 부문에 적극 진입할 수 있는 대외적 환경이 조성됨에 따라 보다 안정된 영업기반 확보를 위하여 하나은행은 2003년 2월에는 하나생명보험을 설립하고, 이듬해 1월에는 중국의 청도국제은행을, 2005년 5월에는 대한투자증권(현 하나대투증권)을 인수한다.

이러한 다양한 금융기관들과의 통합은 지주회사로의 전환 필요성을 높였으며, 그 결과 2005년 5월 하나금융지주회사 설립추진위를 설립하고 12월 드디어 하나금융지주가 출범하기에 이른다. 그러나 하나금융그룹은 비단 외형적 성장뿐 아니라 내부 역량 강화에도 집중하여 2005년 이후 2011년 현재까지 7년 연속 '대한민국 최우수 프라이빗 뱅크'로 선정되기도 하였으며, 국내 금융기관 최초로 30여 년이 넘는 기간 동안 흑자 달성 및 연속 배당의 신화를 이루어내고 있다. 뿐만 아니라 2007년에는 아시아 금융문화 대상을, 2008년에는 경영혁신 부문 종합대상을 4년 연속 수상하였으며, 그해 8월 Tier 1(자본금, 자본준비금, 이익잉여금으로 구성된 기본자본비율) 기준 세계 91위 금융그룹에 오르는 영예를 안는다. 또한 2010년 대한민국 신뢰기업 대상 은행부문 2년 연속 대상 수상, 소비자 대상, 그리고 인재경영대상으로 선정되면서 본업인 금융부문뿐 아니라 사회공헌부문과 인재개발부문에 이르는 전 영역에서 우수성과 탁월함을 인정받고 있다.

지주회사 출범 이후에도 지속적인 성장을 거듭해오면서 2011년 7월 현재 하나금융그룹에는 하나은행, 하나대투증권, 하나SK카드, 하나HSBC생명보

〈하나금융지주 출범 관련 한국일보 기사 (2005년 12월 1일)〉

하나금융지주가 1일 우리, 신한, 한국에 이어 국내 네 번째 금융지주회사로 공식 출범했다. 하나금융지주는 이날 서울 여의도 대한투자증권 빌딩에서 윤증현 금융감독위원장, 유지창 은행연합회장 등이 참석한 가운데 출범식을 가졌다. 하나금융지주 대표이사 회장에는 김승유 전 하나은행 이사회 의장, 대표이사 사장에는 윤교중 전 금융지주설립준비위원장이 선임됐다.

하나금융지주는 하나은행, 대한투자증권, 하나금융경영연구소, 하나아이앤에스 등 4개 자회사와 하나증권, 하나생명, 하나캐피탈, 대한투신운용, 청도국제은행, 하나펀딩 등 6개 손자회사를 거느리게 된다.

이날 김승유 회장은 "2009년까지 시가총액 20조원을 달성해 동아시아 리딩 금융그룹, 세계 100대 금융회사로 도약하겠다"며 "이를 위해 '하나금융프라자' 한 곳에서 고객이 원하는 모든 금융상품을 구매할 수 있도록 하는 등 시너지 효과를 극대화하겠다"고 밝혔다.

험, 하나캐피탈, 하나다올신탁, 하나아이앤에스, 하나금융경영연구소, 하나은행(중국)유한공사, PT Bank Hana(하나은행 인도네시아 현지법인) 등이 속해 있다.

이들 관계사들은 크게 개인금융부문, 기업금융부문, 자산관리부문으로 구분되어 각 부문의 최적화된 효율성 달성을 도모하는 동시에 각 부문이 유기적으로 연결되어 통합 업무를 효과적으로 수행함으로써 고객 기쁨을 위한 최고의 금융서비스 네트워크 창출에 기여하고 있다. 2005년 12월 국내 최초로 은행, 증권, 보험 통합서비스 제공을 위하여 설립된 복합금융점포 '하나금융프라자'는 이러한 긴밀한 네트워크를 바탕으로 한 서비스 제공의 단적인 예라 할 수 있다. 이렇게 부분 최적화와 전체 시너지의 발생은 하나금융그룹의 전략 목표 달성을 현실화시키는 동력원으로 기능한다. 이처럼 고객들에게 보다 나은 종합 금융서비스를 제공하기 위하여 하나금융그룹의 구성기관들은 '따로 또 같이' 협력하고 발전하며 진화해 나아가고 있는 것이다.

〈그림 Ⅱ-4〉 하나금융그룹 관계사

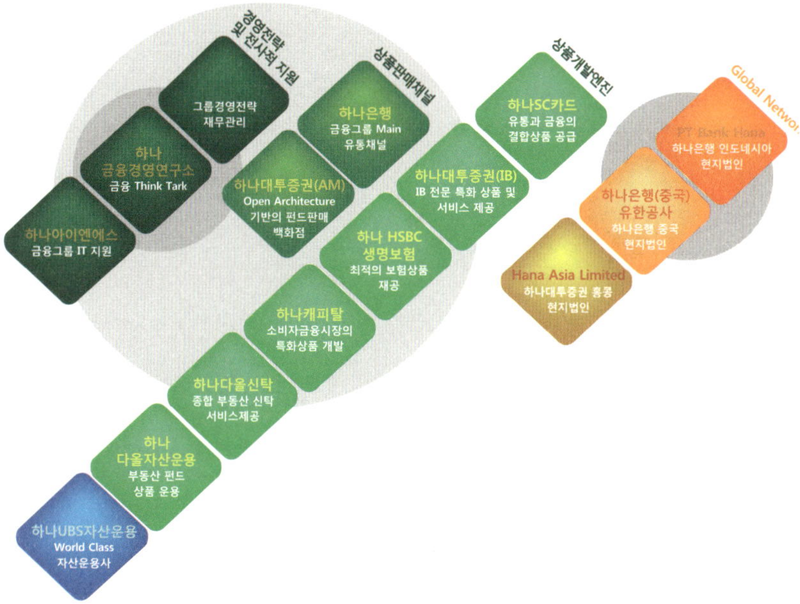

〈그림 Ⅱ-5〉 하나금융그룹 업무부문(2011년 4월 기준)

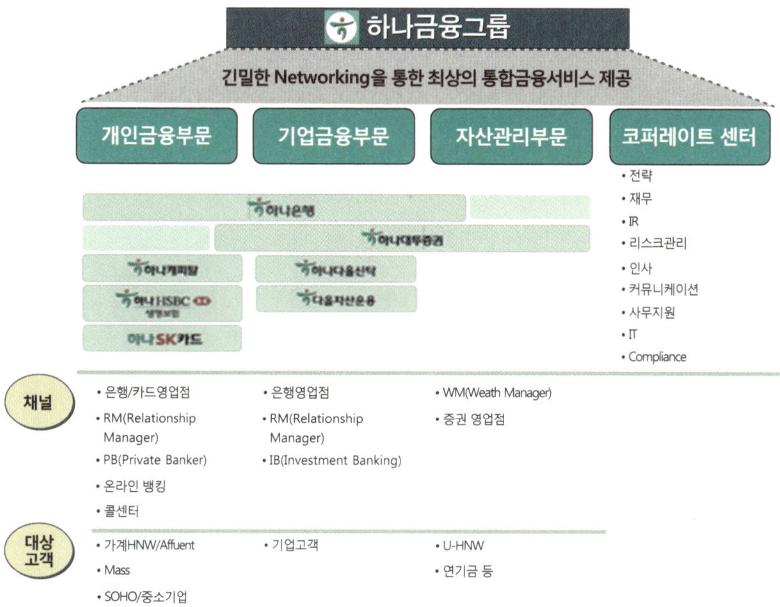

〈매일경제 CEO & Stock 기사(2004년 6월 16일)〉

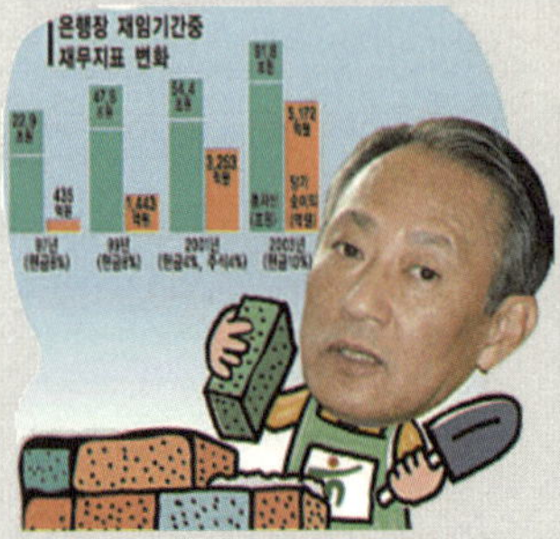

김승유 행장 취임 이후 하나은행은 언제나 늘 비상상황이었고 그때마다 그는 위기의 맨 앞에서 전투를 치러야만 했다. 이 기간에 하나은행은 '확장'과 '내실'이라는 두 마리 토끼를 모두 낚아챘고 그 뒤에는 언제나 김 행장이 있었다. LG투자증권은 지난 6월 중순 발표된 하나은행 보고서를 통해 '현재 하나은행의 놀라운 펀더멘털 개선은 김승유 행장이라는 매니지먼트 밸류를 빼놓고는 상상하기가 어렵다'고 평가했다. 최근 주가가 조정기를 거치면서 거의 모든 은행주가 지난해 3월 수준으로 곤두박질치고 있지만 유일하게 하나은행만이 고점을 유지하고 있는 것도 '최고경영자(CEO) 가치'가 주가에 깊게 배어 있기 때문이라는 것이다.

위기를 기회로 바꾼 CEO

외환위기가 몰아 닥친 97년 이후 5년 동안 하나은행은 무려 3곳의 은행과 합병을 밀어붙였다. 98년 충청은행, 99년 보람은행, 2002년 서울은행. 합병이 마무리도 되기 전인 2003년 하나은행은 97년 외환위기 이후 최대 기업 부실사건으로 평가되는 SK네트웍스 사태를 주채권 은행으로서 맞았다. 이어 터진 신용카드 사태, 개인 및 중소기업 여신 부실사태. 김 행장 본인의 표현대로 '취임 이후 어느 한 순간도 조용하지 않은' 셈이었다. 그러나 어느 누구도 이 시기가 하나은행에 '위기' 였다고 평가하는 사람은 없다. 97년 이후 세 차례의 합병을 통해 하나은행의 자산규모는 23조 원에서 지난해 일약 5배에 가까운 92조 원까지 늘어났다. 잦은 합병으로 화학적 결합의 성공 가능성을 많은 사람들이 걱정했으나 불협화음은 새나오지 않았다.

김 행장은 "직원들의 참여에 의한 공감대 형성, 문화적 합병"이 주효했다고 평가했다. 하나은행의 위기는 지난해 SK네트웍스, LG카드 사태 등이 터지면서 다시 불거졌다. 특히 SK네트웍스는 하나은행이 주채권 은행이었기 때문에 당시 시장의 눈초리는 걱정이 아니라 시샘에 가까웠다. 물론 하나은행은 이 바람에 8,291억 원의 대손충당금을 쌓아야 했다. 총자산의 1%에 해당되는 규모였다. 그러나 하나은행은 연말에 보란듯이 5,172억 원의 순이익을 냈다. 가슴 졸이면서도 잘 참아줬다는 의미에서 주주에게 예년보다 높은 10%의 현금배당도 했다.

조병문 LG투자증권 연구원은 "지난해 SK네트웍스 사태와 관련해 해외채권단과의 빠른 채무재조정 협상, 그 이후 경영정상화까지 하나은행이 주채권 은행이었기에 가능했고 김 행장의 뚝심이 가져온 결과였다"고 평가했다. 최근 은행주를 압박하는 중소기업 대출과 관련해 권재민 굿모닝신한증권 연구원은 "전체 자산에서 중소기업이 차지하는 비중이 21.4%에 불과해 은행 평균 25%보다 낮다"고 평가했다. 김 행장은 "하나은행만의 리스크 관리 덕분"이라고 겸손해 했다. 김 행장은 '서울은행 합병에 따른 세금 혜택을 최대화하려는 전략을 구사하고 있다'는 항간의 평가를 부인하지 않는다. 은행 전환 이후 최대의 기회가 왔는데 왜 놓치겠냐는 게 그의 반론이다. 지난해 서울은행 본점, 서울 역삼동 직원 합숙소, 하나증권 본점을 팔아 치운 것도 이런 맥락이다. "골드만 삭스나 메릴린치 등이 왜 본점 없이 임대로 살고 있겠나"라고 반문하는 김 행장은 20%대에 달하는 은행 자기자본이익률(ROE)보다 낮게 나오는 자산은 처분하는 게 낫다는 주장이다. 그래서 올해 ROE를 24%선 에서 유지하겠다고 했다.

최근 김 행장은 지배구조와 자본 확충에 무척 많은 공을 들였다. 예금보험공사가 보유하고 있던 지분 21.6%를 전량 매각, 잠재 물량 문제를 해결했다. 3.59%의 지분을 보유하고 있는 싱가포르 국영투자기관 테마섹(Temasek)이 최고 9.99%까지 하나은행 지분을 획득할 수 있는 길도 열렸다. 그의 관심은 이제 "10년 후 하나은행의 주주와 고객은 누구일까에 쏠려 있다"고 말했다. 하나은행만의 독특한 색깔을 만들어 고객에게 안기겠다는 것이다.

이렇게 다양한 회사들이 합병되어 하나의 조직을 이루고 각각의 계열사가 또다시 거대그룹을 형성하면서 한편으로는 새로운 목표 달성을 위한 경쟁력을 강화할 수 있지만, 다른 한편으로는 이러한 다양한 요소들이 갈등을 유발하여 조직 발전에 걸림돌이 되는 경우도 발생한다. 서로의 다름으로 인해 유발될 수 있는 다양한 갈등들을 보다 큰 목표와 가치 안으로 녹여내어 궁극적으로 긍정적 동력원으로 기능할 수 있도록 하는 것, 그것이 바로 비전과 핵심가치의 역할이라 할 수 있다. 다음 장에서는 다양한 배경을 가진 사람들을 '하나人'으로 묶어주는 보이지 않는 결속의 끈인 하나금융그룹의 지향점과 정신의 요체, 즉 하나금융그룹의 비전과 핵심가치가 과연 어떤 것인지를 살펴본다.

'우리' vs. '그들'

뇌기능 자기공명영상장치(MRI)를 통한 최근 연구결과들에 따르면, 우리가 내집단(In-Group)이라고 생각하는 사람들을 대할 때와 외집단(Out-Group)이라고 여기는 대상을 대할 때 뇌의 활성화되는 부위가 상이하다고 한다. 즉, 내집단이라고 생각하는 사람들을 바라볼 때는 안정감 및 애착을 느낄 때 강화되는 부위가 활성화되는 반면, 외집단이라고 생각하는 대상을 대할 때는 불안감이나 적대감을 경험할 때 강화되는 부위가 활성화된다. 이는 사람들은 본능적으로 '우리'와 '그들'이라는 구분 짓기를 하며 이에 따라 상이한 감정과 태도를 갖게 됨을 보여준다. 그렇다면 '우리'와 '그들'은 영원히 융합되지 못하는 평행선의 관계일까?

그런데 흥미로운 사실은 이러한 구분 짓기가 다분히 자의적으로 조정 가능한 영역일 수 있다는 점이다. 인류학자들의 실험에 의하면, 처음 본 사람들을 집단으로 구성한 뒤 이들에게 소속만 알려주어도 상대 집단에게 시간이 갈수록 적의와 배타적 태도가 형성되는 반면, 자신이 소속되었다고 들은 집단에는 알 수 없는 소속감과 애착이 생겨났다. 이로 인해 처음 본 사람들임에도 내그룹으로 여겨진 구성원들에게는 자신의 지식과 정보를 기꺼이 적극적으로 공유하려 한 반면, 외그룹으로 느낀 사람들에게는 그러한 행동을 보이지 않았다. 1950년대에 이루어진 사회심리학자 무자퍼 세리프(Muzafer Sherif)와 동료들의 실험에서도 이와 유사한 현상이 발견되었는데, 12세가량의 평범한 소년 22명을 모아 보이스카우트 캠프에 데려가 무작위로 팀을 나누었음에도 불구하고, 서로 몰랐던 학생들이 다른 집단에 속한 구성원들을 적대시하며 결국 텐트에 불을 지르는 등의 난폭행위를 서슴지 않았다. 더욱 놀라운 사실은 이러한 적의와 배타적 태도는 서로가 결코 다른 집단이 아니며 공통적으로 소속되는 요소가 있음을 지속적으로 알려주었을 때 사라졌다. 그들 사이에서는 다시금 협력이 생겨났으며 우리는 하나의 집단이라는 소속감과 친근감을 갖게 되었다는 점이다. 이처럼 '우리'가 '하나'라는 인식을 지속적으로 심어줄 때 '우리'와 '그들'을 구분 짓던 견고한 경계는 어느덧 신기루처럼 사라질 수도 있는 한시적 낙인(Stigma)일 수 있다.

'다양성(Diversity)' 효과

인수합병의 성공사례로 언급한 시스코 시스템즈의 내부 회의실에는 인종을 알아 맞추는 기계가 있다고 한다. 당신이 시스코 구성원이라고 한다면 그 기계는 당신을 아시아인이라고 판단할까 아니면 비백인이라고 반응할까?

둘 다 틀렸다. 그 기계는 당신을 '시스코인'이라고 부른다.

지금과 같은 초경쟁시대에 다양성은 글로벌 무대에서 경쟁해야 하는 기업들에게 더 없이 중요한 화두로 떠오르고 있다. 시스코나 IBM 같은 글로벌 기업들에게 개인의 인종이나 국적 등의 배경은 그다지 중요하지 않으며, 현재 그 사람이 시스코인이거나 'IBMer'라는 사실만이 중요해졌다. 그렇다면 다양성은 조직에게 과연 어떠한 효과를 미칠까?

전통적인 조직 구성원의 인적 구성(Organizational Demography) 관련 논의들은 집단 동질성(Similarity) 및 응집성(Cohesion)을 약화시키고 갈등과 반목을 유발한다는 점에서 다양성이 야기하는 부정적 측면에 초점을 맞춰 왔다. 즉, 다양한 인적 구성으로 인해 집단 내 이질성이 높아질수록 이직률은 높아지고 기업의 재무성과는 낮아진다는 것이다(Wagner, Pfeffer, & O'Reilly III, 1984). 뿐만 아니라 구성원 간 연령이나 근속년수의 차이는 업무상의 의사소통 효율성을 저하시키기도 한다(Zenger & Lawrence, 1989).

반면 조직 구성원의 다양성은 새로운 시각과 아이디어를 제공할 뿐 아니라 건설적 긴장을 통해 조직에 활력을 줄 수 있기 때문에 조직 학습과 기업 성과에 도움이 된다는 주장들도 제기되고 있다(Ancona & Caldwell, 1992; Pelled, Eisenhardt, & Xin, 1999). 특히 혁신과 창의성이 강조되면서 다양한 구성원들의 확보가 점차 중요해지고 있는 시점에서 다양성의 확보는 선택이 아닌 필수가 되고 있다.

이러한 두 가지 설명 방식은 조직 연구에서 최고의 관심을 받고 있는 네

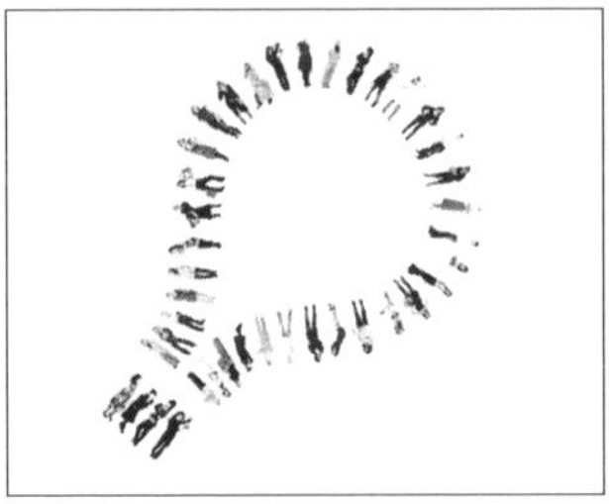

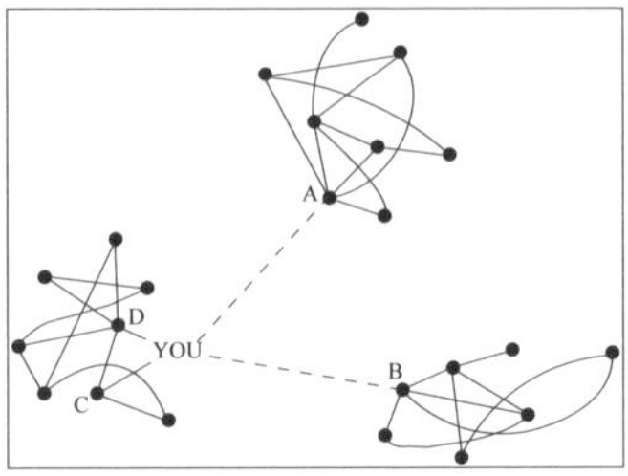

트워크 분석에서도 발견되는데, 서로간 응집성이 높고 친밀한 닫힌 연결망 구조(Closed Network Structure)에서는 협업이 잘 이루어지며 모니터링이 용이하여 상호 호혜성을 기대하기 쉽기 때문에 이러한 구조에서는 구성원들이 외부에서는 누릴 수 없는 각종 혜택, 즉 사회적 자본(Social Capital)을 향유할 수 있다는 이점이 있다. 그림에서 보듯이 연결망 덩어리들에 속해 있는 구성원들은 즉각적인 대가가 없더라도 기꺼이 협동하고 자신의 노하우를 전수한다. 이는 서로가 서로에게 사회 구조 속에서 긴밀하게 연결되어 있기(Connected) 때문이다. 그러나 무엇이든지 과하면 모자람만 못하듯이, 서로가 지나치게 연결되어 더 이상 새로운 정보를 제공하지 못하거나 더 나은 기회가 있음에도 현재의 연결망을 버리지 못하게 됨으로써 오히려 손실과 비용이 발생하는 '배태성의 역설(Paradox of Embeddedness)'이 발생할 수 있다(Uzzi, 1997).

이러한 닫힌 구조의 역효과가 나타날 때 그림의 'You' 같이 다른 연결망과의 연계하는 사람(Broker)들은 '구조적 구멍(Structural Hole)'이라고 불리는 연결망 구조 간 공백을 연결함으로써 각 연결망에서 통용되는 고유한 정보들을 활용하고 이를 통한 이득을 얻게 된다. 즉, 해당 네트워크 구조 상에서 중복되지 않는 정보들을 제공함으로써 다양성을 제공하는 이러한 존재들은 경제적 이득과 정치적 권력 획득 등에 있어 우위를 점하기도 한다(Burt, 1992). 이들의 비교 우위는 열린 연결망 구조(Open Network Structure)가 될수록 줄어드는데, 이는 각자가 다양한 사람들과 연결되어 풍부한 정보가 연결망 속으로 흘러 오고 흘러 가기 때문에 새로운 아이디어 창출 및 건강한 경쟁 구소를 만들 수 있기 때문이다.

이처럼 조직 구성원의 인적 구성(Organizational Demography)과 사회 연결망(Social Network)에서의 다양성에 대한 두 가지 상반된 견해는 최근 들어 집단 응집성이 높으면서도 집단 구성이 어느 정도 다양할수록 가장 성과가 높다는 쪽으로 수렴되고 있다. 조직연구에서 세계적으로 저명한 저널인 *Organization Science*에 실린 연구 중 사회 연결망을 이용하여 224개 R&D 팀의 네트워크 구조와 팀 성과를 살펴본 결과, 응집성이 강하지만 조직 세대간 다양성이 존재할 때 가장 높은 성과를 달성하는 것으로 나타났다(Reagans & Zuckerman, 2001). 뿐만 아니라 사회학에서 최고 권위를 자랑하는 *American Journal of Sociology*에 나온 논문에서도 1945년부터 1989년까지의 미국 브로드웨이 뮤지컬을 만든 창의적 예술가들 사이의 연결망을 분석한 결과 친분이 강한 예술가들은 뮤지컬의 성공 가능성이 감소하는 반면, 이들 집단에 다른 경험과 시각을 가진 예술가들이 들어왔을 때 뮤지컬이 성공하고 공연 수익이 증대되는 것으로 나타났다(Uzzi & Spiro, 2005).

III

조직에서도 그 기업의 시작과 걸어온 역사가 얽히고 설켜 있는,
그 조직만의 독특한 가치와 정신적 DNA를 찾을 수 있다.
앞서 살펴본 것처럼, 하나금융그룹은
최초의 민간 금융기관이라는 태생적 특징과
이러한 특성을 잃지 않으려는 구성원들의 부단한 노력으로 성장했다.
특히 자주, 자율, 진취, Integrity는 이제 '하나인'을 규정하기 위해서는
반드시 필요한 키워드가 되었다.
이 장에서는 하나인의 정신은 무엇인지를 구체적으로 살펴보고,
이것들이 어떻게 하나금융그룹이 지향하는 비전 · 목표 달성에
있어 견고한 초석으로 기능하는지 제시한다.

'누구도 가지 않으려 하던 길'을 묵묵히 걸어 대한민국 최초의 피겨 여제로 등극한 김연아가 2010년 밴쿠버 동계올림픽 이후 1여 년 만에 2011년 국제빙상경기연맹(ISU) 세계피겨선수권대회 프리스케이팅에 선보인 작품은 〈오마주 투 코리아〉. 이는 말 그대로 '대한민국에 대한 존경 또는 감사(Homage To Korea)'라는 뜻을 담고 있다.

가장 한국적인 음악 〈아리랑〉을 기본 모티브로 잡고 있으며 5개의 한국 전통 음악을 편집한 〈오마주 투 코리아〉의 하이라이트는 단연코 아리랑 선율이 흐르며 펼쳐지는 스파이럴이라 할 수 있다. 새하얀 얼음판 위를 길게 활주하면서 펼쳐지는 아리랑의 구성진 가락은 그 자체로 우리네 민족의 모든 역사와 정신을 고스란히 담아내고 있다.

흔히 아리랑은 거친 역사의 수난 속에 서린 민족의 애환과 한(恨)을 담아내고 있다고만 생각하지만, 흥얼거리는 아이랑 속에는 민족, 혼, 역사, 정체성, 기쁨, 정(情), 조국, 화합, 흥겨움 등이 뒤섞여 녹아 있는 일종의 문화 DNA이다.

기업에도 조직 전체와 구성원 모두를 관통하는 정신적 DNA가 있는데, 전 구성원들 사이에서 전파되고 공유됨으로써 이들 모두를 더 큰 하나로 묶어주는 그것.

이것이 바로 '핵심가치(Core Value)'이다.

제 III 장

하나금융그룹의 지향점과 가치

1 하나금융그룹의 비전과 미션

하나금융그룹의 비전은 2015년까지 '아시아 기반의 글로벌 금융그룹(Asia-based Global Financial Group)'이 되는 것이다. 세계 50대 금융그룹으로서, 하나금융그룹은 외형적으로 자산 400조 원, 자기자본 30조 원, ROE 15.0% 이상을 목표로 하고 있다. 이러한 세계적 경쟁력을 확보하기 위하여 하나금융그룹은 비은행 이익비중을 25%로 확대하는 한편, 해외 이익 비중 역시 15%까지 늘리는 사업 및 글로벌 포트폴리오 다변화를 시도하고 있다. 뿐만 아니라 금융권에서 가장 중시되는 리스크 관리 역시 초우량 금융기관들의 글로벌 기준을 충족시키고자 노력하고 있다. '초우량 종합금융 서비스 네트워크(The Premier Financial Services Network)'를 지향하고 있는 하나금융그

〈그림 Ⅲ-1〉 하나금융그룹의 비전

룹은 이를 위해 ① 동반자인 손님을 대상으로 네트워크를 통한 원스톱(One-Stop) 금융서비스 제공, ② 타 업종, 타 회사와의 창조와 협력을 통한 금융 네트워크, ③ 그룹 내 오픈네트워크(Open Network) 구축으로 신뢰와 배려가 가득한 즐거운 일터 실현, ④ 축적된 지식 및 정보 네트워크를 통하여 새로운 지식 창조, ⑤ 기업가 정신으로 신 사업 및 해외진출 등의 네트워크 확장에 박차를 가하고 있다.

기업의 존재 의의 혹은 사명을 의미하는 미션과 관련하여, 하나금융그룹은 크게 네 가지 미션, 즉 ① 금융 파트너로서 고객만족 추구, ② 즐거운 직장으로서 직원가치 창조, ③ 비즈니스 파트너로서 주주가치 극대화, ④ 금융 선도기업으로서 공동체 기여를 설정하고 있다.

먼저 금융 파트너로서 고객만족을 추구하기 위하여 비즈니스의 객체가 아닌 목적으로서 고객의 성공을 지원하고 고객에게 원스톱 쇼핑(One-Stop Shopping)을 통해 편리함뿐 아니라, 고객이 자산 관리를 넘어 행복한 삶을 창조할 수 있도록 통합 서비스를 제공한다. 둘째, 즐거운 직장으로서 직원가치를 창조하는 데 있어서 하나금융그룹은 글로벌 금융인재 육성을 위한 적극적인 교육훈련프로그램을 개발하고 공정한 기회와 정당한 보상체계를 확립하고자 하는 동시에 신뢰경영과 안정을 바탕으로 하는 성과중심의 문화를 구현하기 위해 노력하고 있다. 세 번째로 비즈니스 파트너로서 최고 수준의 주가와 투명경영 실현을 통해 주주가치를 극대화하고, 주주 및 투자자와

〈그림 Ⅲ-2〉 하나금융그룹의 미션

하나인의 미션

하나금융그룹은 '**초우량 종합금융 서비스 네트워크 구축**'이라는 비전을 품고 있습니다.
꿈을 향해 나아가는 동안 고객만족 추구, 주주가치 극대화, 직원가치 창조, 공동체 기여라는 4가지 미션을 충실히 수행해 나가겠습니다.

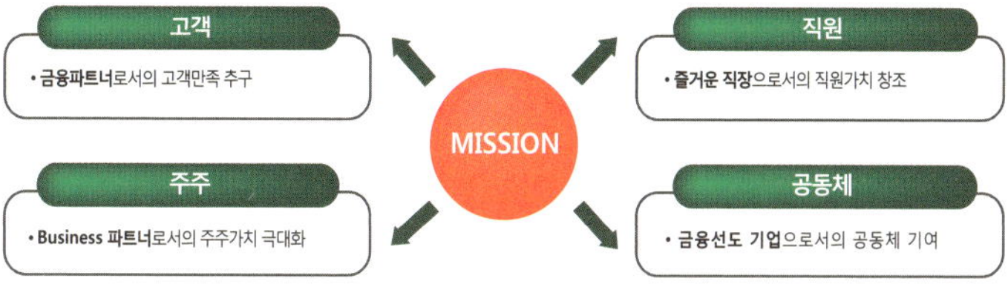

금융파트너로서의 고객만족 추구

금융환경 변화 및 고객 니즈의 다양화에 따라 가계금융, 기업부문, PB(Private Banking) 부문 등에서 보다 광범위하고 전문화된 금융솔루션을 제공함으로써 고객이 원하는 다양한 수요를 종합적으로 만족시키고자 합니다.

Business 파트너로서의 주주가치 극대화

확대된 금융 네트워크를 기반으로 Cross-Selling을 통해 시너지를 창출하고 경영 전반의 인프라를 선진화하여 금융시장에서의 확고한 리더십을 구축하고 투명경영을 실현할 것입니다. 이와 함께 보다 나은 경영성과의 실현을 통해 기업가치와 함께 주주가치를 제고하는 노력을 지속할 것입니다.

즐거운 직장으로서의 직원가치 창조

혁신 및 진취적인 자세를 가진 기업가 정신을 고취하고 성과에 따른 보상과 인재개발을 통해 성과주의 문화를 공유하며 즐거운 직장 분위기 조성을 통하여 목표 달성을 위한 동반자로서의 동기를 부여하고자 합니다.

금융선도 기업으로서의 공동체 기여

경제와 문화가 함께하는 '문화은행', 소외된 이웃과 함께하는 '나눔은행', 및 자연을 저축하는 '푸른은행'의 3대 지향점을 중심으로 하나은행의 공동체 내 위상을 높여 나갈 것입니다.

의 커뮤니케이션 활성화와 견실한 지배구조를 확립하는 데 주안점을 둔다. 마지막으로 금융선도기업으로서 공동체에 기여하기 위하여 하나금융그룹은 '사회적 책임 경영(Socially Responsible Management)'에 기반한 지속적인 사회공헌 활동을 펼침으로써 지역 공동체 구성원으로 요구되는 역할을 성실히 수행하고 커뮤니티 선도 금융그룹으로서 다양한 활동들을 전개하고 있다.

2 하나금융그룹의 핵심가치

하나금융그룹에는 타 금융기관에서 흔히 볼 수 있는 사훈(社訓)이나 사가

(社歌)가 존재하지 않는다. 이는 조직 태동 시점부터 자주와 자율을 강조하면서 직원 개개인의 재량권을 인정한 문화적 토양 위에 다양한 구성원들이 어울려 일하게 된 기업사적(史) 사건들이 융합되면서 자칫 교조화되고 경직화로 흐를 수 있는 상징적 실체 설정을 거부한 탓이다. 회식 후 함께 어깨동무하며 부르는 사가가 없다면 그들을 묶어주는 보이지 않는 끈은 과연 무엇일까? 물리적 실체가 없다고 해서 그 본질까지 존재하지 않는 것은 아니다. 비록 사훈이나 사가가 없음에도 하나인들을 만날 때마다 '하나人'임을 확인시켜주는 남다른 무언가가 분명 존재하는데, 이것이 바로 하나인들의 정신적 DNA라 할 수 있는 핵심가치들(Core Values)이다.

일반적으로 핵심가치는 '조직 내 판단과 행동의 기준으로 삼는 신조'를 의미한다. 한 기업에 속한 사람들이 일하고 생각하는 방식의 합(合)을 그 기업의 문화라고 한다면, 일하고 생각하는 데 있어 기준을 잡아주는 일련의 가치들은 '기업문화의 핵(核)'이라 할 수 있다. 이러한 조직문화의 구심점으로서, '하나인'이라면 반드시 명심해서 되새기며 실천의 가이드라인이 되는 핵심가치 체계가 있는데 이는 크게 세 가지로 이루어져 있다. 앞서 살펴본 것처럼, 하나금융그룹은 1971년 순수 민간 주도로 탄생한 우리나라 최초의 금융회사인 한국투자금융을 모태로 하고 있으며, 은행 전환 과정에 있어서도 직원들의 자발적인 참여와 준비가 성공의 핵심 동력이었다. 이러한 태동 및 성장 배경을 통해 자주, 자율, 진취 이 세 가지 키워드는 하나금융그룹과 하나인의 정체성을 규정하는 일종의 DNA가 되었다.

먼저 자주는 스스로가 나아갈 방향을 설정하고 개척하는 정신으로, 스스로 새로운 제도를 도입하는 창업정신, 각자가 일과 회사의 주인이라는 공동체 의식, 그리고 자주적으로 자신의 진로를 개척해온 개척정신을 담고 있다. 두 번째 자율은 자주 및 주인의식에 상응하는 책임정신이자 엄격한 자기통제 하의 책임경영을 실현하겠다는 의지의 반영이다. 뿐만 아니라, 자율이라는 권한에 상응하는 확고한 책임의식을 항상 염두하고 있겠다는 정신 또한 담고 있다. 마지막으로 진취는 자주 및 자율 정신을 영원히 유지하고 발전시키려는 강력한 의지의 표명이자 현재 상태에 만족하기보다 항상 미래를

〈그림 Ⅲ-3〉 하나금융그룹의 핵심가치

내다보고 준비하는 미래지향적 사고를 갖겠다는 다짐이다. 이와 동시에, 경쟁자들보다 앞서 선택을 주도함으로써 스스로 기회를 포착하겠다는 조직 내 기업가 정신(Corporate Entrepreneurship)의 발현이라 할 수 있다.

이러한 세 가지 정신을 떠받치고 있는 또 하나의 필수 덕목이 있는데, 이는 모든 금융인에게 요구되는 'Integrity'라는 요소이다. 사전적 의미로 고결, 투명, 정직, 청렴, 성실 등으로 번역되는 Integrity는 글로벌 금융그룹들이 공통적으로 최고의 가치로 삼는 금융업의 본원적 가치라 할 수 있다. 정직, 투명, 청렴은 신용을 거래하는 금융인에게 있어 기본 중의 기본 덕목이자 이해관계자로부터 얻을 수 있는 신뢰의 기본 척도가 된다. 금융인에 대한 믿음의 기본이 되는 정직성에 기반하여 하나인들은 '최고의 도덕성을 가진 선량한 금융인의 의무를 다한다'는 생각을 가지고 고객을 맞이하고 있다.

3 핵심가치 구현을 위한 경영원칙과 행동원칙

이러한 자주, 자율, 진취, 그리고 Integrity라는 핵심가치들은 조직을 운영하고 업(業)을 수행하는 근본인 경영원칙에도 투영되어 있는데, 이러한 하나

〈그림 Ⅲ-4〉 하나금융그룹의 경영원칙

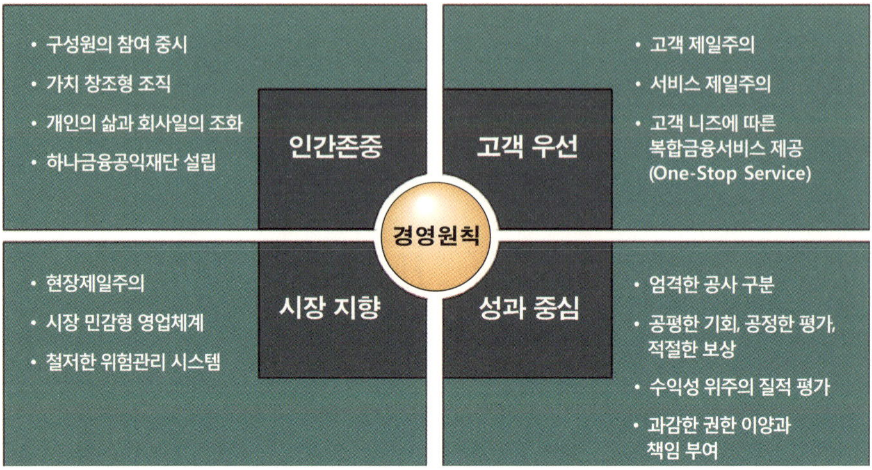

금융그룹의 경영원칙은 사람존중, 고객우선, 시장지향, 성과중심, 이 네 가지로 축약되어 있다.

먼저 '사람존중' 경영원칙 실현을 위하여 하나금융그룹은 평소 직원들에게 조직에 대한 애사심(愛社心)보다는 직무에 대한 애직심(愛職心)을 강조하는 등 회사만을 위하기 보다 '나' 자신을 위해 일하라고 주문하며 본인 자신의 가치를 높이기 위해 노력할 것을 당부해오고 있다. 이는 얼핏 조직보다 개인을 강조함으로써 조직의 이익을 상대적으로 등한시하는 것으로 보일 수도 있지만, 직원 입장에서의 가치 강조는 오히려 애사심 강화와 조직에 대한 헌신 강화로 보답받게 된다. 이러한 경영원칙은 직원 개인의 역량 증대를 통한 가치 창조가 궁극적으로는 조직 전체의 가치 향상과 연결된다는 '시너지적 사고(Synergetic Thinking)'에 기반하고 있다. 뿐만 아니라 하나금융그룹에서는 구성원의 참여를 촉진하기 위해 활발한 커뮤니케이션을 강조하는데, 매 연말에는 다음 해 업무 목표를 세우기 위하여 직원들이 직접 참여하는 업무계획 워크숍을 개최하고 있으며, 체계적인 업무 전문화 프로그램과 경력개발 제도를 통해 금융전문가 양성에 주력해오고 있다. 또한 미래 성장 가능한 특정 분야에 관심이 있는 직원들이 스스로 모여 연구하는 모임을 적극 지원하고 있으며, 언제 어떤 자리에서나 임직원들 사이에 공감대가 형성될 수 있도록 즐거운 직장 만들기 등 다양한 기업문화프로그램을 통해 내부 커뮤니케이션의 활성화를 도모하고 있다.

두 번째 경영원칙인 '고객우선'은 그동안 '손님의 기쁨 그 하나를 위하여'라는 캐치프레이즈에 고스란히 녹아 있다. 하나금융그룹은 고객 만족이라는 화두를 지속적으로 실천하기 위하여 다양한 영업 전략을 실행함으로써 그동안 서비스 강화에 무감각했던 기존 시중 금융그룹들의 관심을 촉발시켰으며, 금융경영 혁신 운동을 불러일으킴으로써 금융서비스의 전반적인 경쟁력 향상을 선도했다는 평가를 받고 있다. 이처럼 하나금융그룹은 고객의 요구(needs)에 부합하는 복합금융서비스 제공에 늘 한발 먼저 앞장서 있었으며, 고객 개개인의 개성과 경험을 존중하는 최상의 금융 서비스를 제공하기 위하여 오늘도 고민하며 현장에서 치열하게 뛰고 있다.

또한 하나금융그룹은 지배구조 개선과 기업가치의 지속적 증대를 통하여 궁극적으로 금융시장을 제대로 지향하고 선도하고자 한다. 금융시장의 리더는 단순히 규모가 크다거나 자산 포트폴리오가 다양하다는 것만으로는 될 수 없다. 하나금융그룹은 시장민감형 영업체계를 통해 고객에게 금융 트렌드를 정확하게 이해시키고 현장 제일주의를 바탕으로 변화의 방향을 제시하며 철저한 위험관리시스템을 통해 충격을 최소화하는 믿음을 주는 것, 이것이 바로 고객과의 지속적인 파트너십 유지와 금융시장에서의 선도적 위치 확보의 지름길이라고 생각한다.

마지막으로 성과중심 경영원칙 실현을 위하여 공과 사를 엄격하게 구분하고 공평한 기회, 공정한 평가, 적절한 보상을 조직 내 정착시키기 위해 노력하고 있다. 뿐만 아니라, 수익성 위주의 질적 평가를 하며 과감한 권한 이양과 책임 부여를 통해 진정한 책임경영을 실현하고 있다. '책임경영'은 하나금융그룹의 정신 중 하나인 자율정신을 경영제도로 정착시킨 것으로, 리더의 권한을 충분히 이양시키고 하나인 각자가 업무에 책임을 지고 수행하는 것을 말한다. 하나금융그룹은 책임경영이 전 조직에 확고하게 자리잡을 수 있도록 심혈을 기울이고 있는데, 이를 위해 창의적 업무 수행을 위한 환경 조성뿐 아니라 책임경영의 결과에 대한 충분한 보상을 누릴 수 있도록 합리적이고 선진화된 평가시스템을 통해 동기부여하고 있다.

이처럼 자주, 자율, 진취, Integrity라는 핵심가치들은 하나금융그룹 경영원칙을 견고히 떠받치고 있는 근원이라 할 수 있다. 이러한 핵심가치들은 하나금융그룹 내 다양한 구성원들을 '하나'로 단단히 묶어주는 접착제일 뿐 아니라, 뒷장에서 논의할 인재 확보 및 양성과 관련된 모든 제도들에 깊숙이 녹아 들어가 이들 제도들을 견고하게 떠받치는 지지대가 된다.

4 하나금융그룹의 핵심가치 체화 A to Z

하나금융그룹의 모든 프로그램은 핵심가치와 조직문화에 대한 인식에서부터 시작한다. '우리는 어떠한 인재를 필요로 하는가?'라는 인재상과 인재를 선발하는 방식, 그리고 이렇게 선발한 인재들을 교육하고 육성하는 전 과정에 이르기까지 하나금융그룹은 하나인 개개인에게 자주, 자율, 진취, 그리고 Integrity라는 핵심가치를 체화시킨다.(그림 III-5)

예를 들어 하나금융그룹 인재상의 경우, 핵심가치인 '자주', '자율', '진취', 그리고 'Integrity'를 바탕으로 행동가치인 성과리더십, 조직리더십, 혁신리더십을 실현하는 리더를 설정하고 있으며, 선발 시에도 기능적 업무수행 역량뿐 아니라 조직 가치와 얼마나 부합하는가를 측정하는 툴을 직접 개발하여 활용 중에 있다. 뿐만 아니라 신입사원과 수시경력사원들에게 그룹 공통가치에 대한 집중적인 교육을 제공하는데, 이러한 조직의 핵심가치를 체득하면서 직원들은 그룹에 대한 이해와 '하나인'으로서의 일체감 및 자부심을 형성하게 되는 것이다.(그림 III-6, 그림 III-7)

인재들을 육성하는 하나리더십파이프라인 역시 이러한 조직의 핵심가치들에 기반하여 조직이 지향하는 인재상에 부합하는 하나인이 되도록 하는데 초점을 맞추고 있으며, 이러한 핵심가치들에 대한 생활 속 실천을 강화하기

〈그림 Ⅲ-5〉 핵심가치와 제반 활동 간 연계(Alignment)

위하여 연도별 실천 슬로건을 통해 중점적으로 실행하는 방법 역시 2007년 이후 매년 지속적으로 진행하고 있다.(그림 III-8)

예를 들어 2007년에는 다양성을 인정하고 유연한 사고를 갖자는 'Openness'를 슬로건으로 지정하였다. 열린 문화와 개방적 사고를 모토로 하는

〈그림 Ⅲ-6〉 신입사원 공통인문과정 개요

과정 Process				
Process	그룹공통과정	그룹공통과정	개별BU과정	그룹공통과정
기간	(1주)	(1주)	(4.5주)	(0.5주)
구성	1) 워밍업 2) 그룹의 가치 3) 하나인의 기본과 원칙 4) 비전으로 하나되기 5) 하나되는 열정	1) 금융인의 기본 2) 직장인의 기본 3) Action Learning Project	1) BU별 직무교육	1) 팀워크 및 자긍심

특 징

- 팀별 과제수행을 통한 Action Learning 도입, 적용
- 일별, 주별 과제해결 과정 속에서 그룹 Value를 체득화하기 위한 다양한 Activity 실시
- 금융인으로서의 공통업무지식 및 하나인재상에 따른 소양과 리더십을 갖출 수 있도록 구성

〈그림 Ⅲ-7〉 수시경력 채용 대상 공통인문과정 개요

목 적

- 그룹에 대한 이해와 하나인으로서의 일체감 및 자부심 형성
- 그룹 Value 및 행동양식의 체득

형 태

- 온라인 과정 + 오프라인 기업문화 연수 과정으로 이원화

과정 Process		
Process	온라인 pre-entering 과정	오프라인 기업문화연수 과정
기간	해당 온라인 과정 최초 접속 후 2주일 이내	1박 2일
구성	1) 그룹의 가치 2) 하나인의 기본과 원칙	1) 조직언어 내용에 대한 기본 이해도 점검 2) 핵심가치 내재화 활동 3) 비전으로 하나되기

특 징

- 채용 초기에 조직을 이해할 수 있는 온라인 과정을 제공함으로써 안정적이고 신속한 정착 지원
- Action learning 형태의 참여형 모듈을 강화함으로써 단순히 암기식 이해가 아니라 직무 및 직장 생활과 연관지어 내재화시킬 수 있도록 유도

'Openness'의 구체적인 행위원칙에는,

- 다양성을 인정하고 타인의 생각을 이해할 수 있는 겸허함을 지닌다.
- 개인의 창의성과 실험정신을 응원하는 조직문화 정착을 지향한다.
- '누구하고도 일한다'는 마인드, 개방적인 자세를 가지도록 한다.

〈그림 Ⅲ-8〉 연도별 슬로건

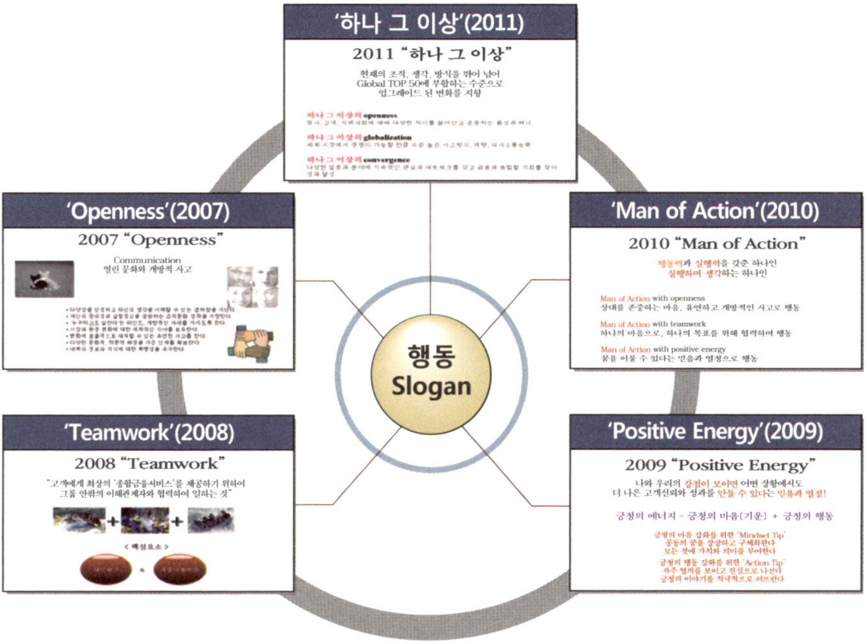

- 시장과 환경 변화에 대한 세계적인 시야를 보유한다.
- 변화에 효율적으로 대처할 수 있는 유연한 사고를 한다.
- 다양한 문화적 · 학문적 배경을 가진 인재를 확보한다.
- 내부의 정보와 지식에 대한 투명성을 추구한다.

2008년에는 'Teamwork'를 슬로건으로 설정하였다. 하나금융그룹이 말하는 팀워크는 '고객에게 최상의 종합금융정보서비스를 제공하기 위하여 그룹 안팎의 이해관계자와 협력하여 일하는 것'을 의미한다. 여기서 팀워크의 기본 바탕에는 '네트워크'와 '커뮤니케이션'이 깔려 있다. 2009년에는 'Positive Energy'가 선정되었는데, 이는 나와 우리의 강점이 모이면 어떤 상황에서도 더 나은 고객신뢰와 성과를 만들 수 있다는 믿음과 열정을 담고 있다. 이때 긍정의 에너지는 긍정의 마음(기운)과 긍정의 행동 간 합으로 구성된다. 먼저 긍정의 마음을 강화하기 위해서는(Mindset Tip) 공동의 꿈을 상상하고 구체화하며 모든 것에 가치와 의미를 부여한다는 것이 설정되었고, 긍정의 행동 강화를 위해서는(Action Tip) 자주 열의를 보이고 진심으로 나서며 긍정의 이야기를 적극적으로 퍼뜨린다가 선정되었다.

2010년에는 행동력과 실행력을 갖춘 하나인, 실행하며 생각하는 하나인을 강조하기 위해 'Man of Action'이 핵심 슬로건으로 선정되었다. 주요 사고 및 행동지표로 상대를 존중하는 마음과 유연하고 개방적인 사고로 행동하자는 'Man of Action with Openness', 하나의 마음으로 하나의 목표를 위해 협력하며 행동하자는 'Man of Action with Teamwork', 마지막으로 꿈을 이룰 수 있다는 믿음과 열정으로 행동하자는 'Man of Action with Positive Energy'를 들 수 있다. 금년 2011년 주요 목표로는 '하나 그 이상'이 선정되었는데, 이는 현재의 조직, 생각, 방식을 뛰어 넘어 글로벌 탑 50에 부합하는 수준으로 업그레이드된 변화를 지향하고자 하는 하나인의 의지를 담고 있다. '하나 그 이상'을 실현하기 위한 세 가지 핵심 키워드가 선정되었는데, 먼저 '하나 그 이상의 Openness'는 회사, 고객, 지역사회에 대한 다양한 차이를 끌어안고 존중하는 품성과 매너를, '하나 그 이상의 Globalization'은 세

계 시장에서 경쟁이 가능할 만큼의 수준 높은 사고방식, 역량, 의사소통 능력을, 마지막으로 '하나 그 이상의 Convergence'는 다양한 업종과 분야에 대한 지속적인 관심과 네트워크를 갖고 금융과 융합할 기회를 찾아 성과를 달성하는 것을 의미한다.

이와 더불어 사회공헌활동을 통한 핵심가치 전파 방안 역시도 운영 중인데, '다양성(Diversity)'이라는 가치를 일상에서 구현하기 위하여 실시 중인 다문화 지원사업 '키즈 오브 아시아(Kids of Asia)'와 '다문화 가정의 날 행사' 등은 내적 구성원들의 '다름'을 '어울림'으로 승화시킨 하나인들이 회사의 경계를 넘어 더 큰 사회적 공동체로 다양성의 가치와 어울림의 상생을 전파하는 대표적 사례라 할 수 있다.

이처럼 하나금융그룹에서의 핵심가치는 단순히 해당 조직이 중시하는 믿음을 넘어 인재상부터 인재선발 및 육성, 사회공헌 활동 등에 이르기까지의 전 영역을 아우르면서 하나금융그룹을 '하나답게' 만드는 일종의 경계선이자 하나인을 규정하는 보이지 않는 실체라 할 수 있다.

IV

소위 '인재전쟁'이라 불리는 인재 확보 및 유지가
오늘날 기업의 지속적인 성장 전략의 원천으로 여겨지면서
어떻게 인재를 데려올 것인가와 이들을 어떻게 머물게 할 것인가가
초미의 화두가 되고 있다.
하나금융그룹 역시도 핵심인재확보 및 육성과 관련된
핵심인재관리전략에 큰 관심과 노력을 기울이고 있는데,
이 장에서는 앞서 논의한 핵심가치들이 어떻게 기저에서 작동하여
하나금융그룹만의 독특한 인재 확보 및 육성 방안과 연계되는지를 살펴본다.

아리랑을 들으면 민족 혼을 떠올리듯이, '빠밤바~'라는 밴드소리를 들으면 어김없이 '개그콘서트(개콘)'이 방영되는 일요일 저녁 9시가 되었음을 상기하게 된다. 대학로에서 시범적으로 운영하던 '스탠드 업(Stand-up)' 형식의 코미디를 텔레비전으로 옮겨와 방청객들 앞에서 개그를 선보이는 공개 코미디가 1999년 9월 4일 첫 전파를 탄다. 그 후 2011년 7월 3일 개그콘서트는 대한민국 최고(最古)이자 최고(最高) 코미디 프로그램으로서 600회 특집을 선보였다. 개그콘서트의 전국적 인기로 2000년 대 다시금 찾아온 코미디 중흥기에 타 방송국에서 유사한 프로그램들이 대거 생겨 났는데, 그중 '웃음을 찾는 사람들(웃찾사)'과 '개그야(夜)'는 개그콘서트의 아성을 위협할 프로그램으로 여겨졌다. 이러한 프로그램들 역시 코미디의 재(再) 전성 시대를 맞이하여 큰 인기를 끌었지만, 지금은 모두 종영되고 후속 개그프로그램 역시도 단명하고 만다.

왜 개그콘서트는 지금도 여전히 우리에게 웃음을 주는 반면, 다른 프로그램들은 기억 속으로 사라져 갔을까? 코미디 프로그램에 있어 경쟁력의 원천인 개그맨들을 통해 그 이유를 일부 발견할 수 있다.

개그콘서트는 공채를 통해 역량 있는 개그맨들을 선발하고, 이렇게 선발된 개그맨들은 활발히 아이디어를 내고 방송에 참여할 수 있도록 기회를 제공한다. 또한 아이디어 회의 때 선후배 간 활발한 교류를 통해 선배들의 방송 노하우를 후배들이 자연스럽게 접할 수 있도록 하고, 후배들은 선배들에게 신선한 아이디어를 제안하게 된다. 이러한 이유로 개그콘서트에서 이름을 알린 개그맨들이 다른 예능 프로그램으로 옮겨가거나 타 방송국으로 스카우트되었을 때 프로그램의 폐지 우려에도 불구하고 개그콘서트는 600회 이상 지속될 수 있게 된다. 지난 13년 간 개그콘서트를 거쳐간 선배들, 지금의 구성원들, 그리고 그 세월만큼 쌓인 유 · 무형의 자산들은 이제 개그콘서트만이 가진 고부가가치 자본이 되었다. 이러한 자산들은 신인 개그맨들의 역량을 충분히 개발하고 실험할 수 있는 토대를 제공하며, 개그맨을 꿈꾸는 잠재력이 충만한 예비 개그맨들이나 대학로에서 활동하고 있는 능력 있는 개그맨들을 유인하는 가장 강력한 동인이 된다.

반면 타 개그프로그램들은 선발 비용 절감을 위해 특정 기획사의 개그맨들을 여과 없이 사용하거나 타 방송국에서 검증된 인기 개그맨들의 영입에만 힘을 쏟았다. 또한 단기적인 인기에만 초점을 두어 역량 개발을 위한 기회를 차단함으로써 순간적으로 시청률을 올릴 수 있을지는 모르나 보다 장기적인 관점에서 개그맨들이 성장하고 개그맨을 꿈꾸는 사람들이 참여하고 싶은 코미디의 장(場)을 만드는 데는 실패하고 만다. 뿐만 아니라 개그콘서트에 있는 최고의 개그맨들을 영입한 코미디 프로그램 역시도 이들이 제대로 역량을 발휘할 여건을 마련해주지 않고 재빨리 유행을 끌 수 있는 코너를 만들어내게 하는 데만 급급한 결과, 개그콘서트에서 최고의 개그맨으로 이름을 알리던 그들의 명성은 과거형이 되고 프로그램은 폐지되고 만다.

코미디 프로그램에서의 핵심인재인 역량 있는 개그맨은 곧 기업 조직에서 유능한 직원이 된다. 우리 조직은 과연 직원들에게 역량 발휘를 위한 콘서트의 장을 제공하고 있는가?

제 IV 장

하나금융그룹의 인재관리전략

1 인재관리제도 도입 배경

2005년 지주회사 출범을 알린 하나금융그룹은 2006년 말 그룹 비전 달성을 위한 세 가지 실행력 강화 방안을 수립하게 된다. 전략적 측면에서는 그룹 비즈니스 포트폴리오를 재편하고, 글로벌 네트워크를 확대하는 한편, 전략과제와 핵심성과지표(Key Performance Indicators: KPI)를 연계하는 방안이 제시되었으며, 조직 측면에서는 전략과 연계한 조직구조 설계 및 고객중심의 매트릭스 조직 디자인이 제안되었다. 인재 및 조직문화 측면에서는 전략적 인사관리 환경을 구축하고 그룹 차원에서 핵심인재를 양성하는 노력을 기울이는 한편 기업문화의 고도화 작업 필요성이 제기되었다.

특히 인재 및 조직문화 측면과 관련하여 인적자원의 확보와 육성 및 관리

〈그림 Ⅳ-1〉 인재관리제도 도입 배경

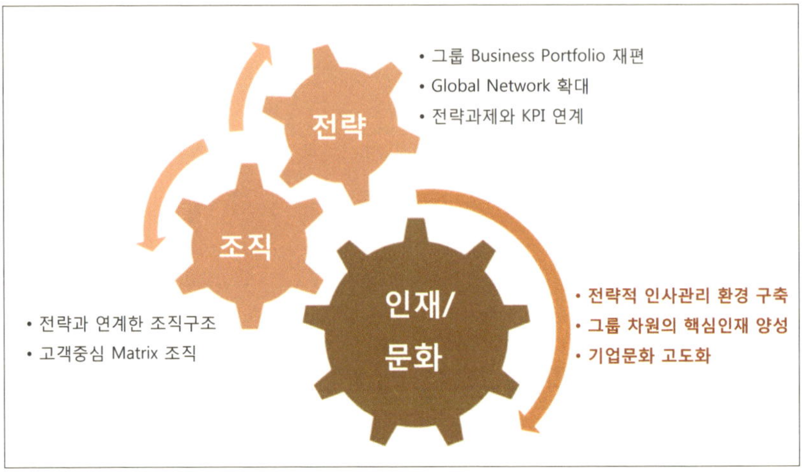

가 주요 사안으로 제시되었는데, 인재 확보 측면에서는 '스펙이 좋은 인재(Good People)'보다는 '조직에 적합한 인재(Right People)' 확보와 승계 계획(Succession Planning) 도입 등이 제안되었다. 육성 측면에서는 경력개발 프로그램(Career Development Program: CDP)에 의한 인사운용과 리더십 및 직무역량 교육 강화, 그리고 관리적 측면에서는 총체적 보상(Total Rewards) 강조와 인재 유지 및 지속(Retention & Engagement)이 제시되었다.

특히 인재관리 측면에서 하나금융그룹의 가장 중요한 원칙은 바로 '출신배경이나 학벌이 아닌 순수한 실력에 기반한 평가'라는 점이다. 이는 상대적으로 후발주자인 하나금융이 생존하고 성장하기 위해 반드시 필요한 원칙이었으며, 이러한 원칙에 대한 최고경영진들의 변치 않는 실행은 단기간에 하나금융그룹이 비약적으로 성장하고 월등한 성과를 창출할 수 있었던 동력이 되었다. 뿐만 아니라 대규모 인수합병을 통해 다양한 구성원들이 모이면서 서로의 출신배경보다는 철저히 실력에 근거하여 평가하는 문화가 보다 신속히 정착하게 된다. 이처럼 다양한 기회를 균등하게 제공하되, 자신이 자율적이고 진취적으로 업무를 수행하여 낸 성과에 대해서는 철저히 책임을 지며 그것으로 평가받는다는 점은 하나금융그룹의 인재관리를 논할 때마다 기저에 흐르는 변치 않는 원칙이라 할 수 있다.

이를 통해 핵심인재관리 방안을 도입 · 실시한 하나금융그룹의 핵심인재관리는 ① 그룹의 역사 속에 배어 있는 핵심가치를 중심으로 인재상을 수립하고, ② 이에 적합한 인력을 확보하여 육성하는 데 있어 핵심가치에 기반한 다양한 성장 기회들을 제공하며, ③ 이들이 조직에 지속적으로 남아 조직성장의 원동력이 될 수 있도록 지원하는 등의 세 가지 영역으로 구분 가능하다. 이러한 인재 확보, 육성, 그리고 유지 세 가지 측면에서 하나금융그룹의 인재관리 전략을 보다 자세히 살펴보도록 하자.

〈그림 Ⅳ-2〉 인재관리 전략상

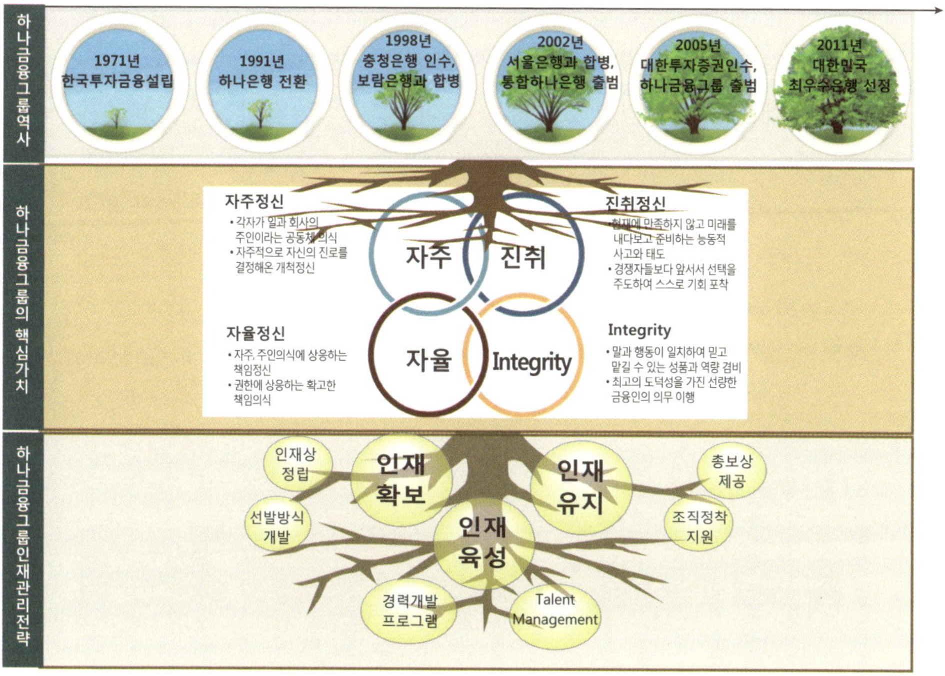

'인재전쟁'의 핵심 논리 및 주요 전략

'인재'란 과연 무엇을 의미할까? 한자 문화권에서의 '人才(후천적으로 개발 가능한 재주를 가진 사람)'는 초목(草木)의 새싹이 땅에서 돋는 모양을 형상화한 것으로 초목의 싹을 어떻게 관리하느냐에 따라 그 성장이 달라지듯이 사람의 능력도 충분히 성장 가능하다는 데서 유래되었다. 반면 영어에서 인재를 의미하는 'Talent'는 이집트, 그리스 등에서 사용되던 화폐 단위(당시 1Talent는 금화 1,000개에 해당)에서 유래된 것으로, 이 금액을 현재로 환산했을 때 약 10억이 넘는다는 점에서 사소한 재주가 아닌 '굉장한 능력'을 의미하는데, 이는 신이 사람들에게 내려준 천부적인 능력이라는 점을 강조한 개념이다.

전 세계적으로 핵심인재에 대한 뜨거운 관심을 불러일으킨 맥킨지(McKinsey) 사의 '인재전쟁(War for Talent)'은 이미 능력을 지닌 외부인재를 확보하기 위한 치열한 쟁탈전을 상정하고 있다는 점에서 인재에 대한 후자의 접근에 가까워 보인다. 에드 마이클스(Ed Michaels)를 비롯한 맥킨지 사의 컨설턴트들이 집필한 책『인재전쟁』에서 볼 수 있는 핵심논리는 노동시장 내에는 인재와 비(非)인재가 존재하며 인재에 대한 수요는 공급보다 절대적으로 부족하기 때문에 다양한 인재 확보 노력과 확보 인재에 대한 파격적인 대

'인재전쟁'의 핵심논리

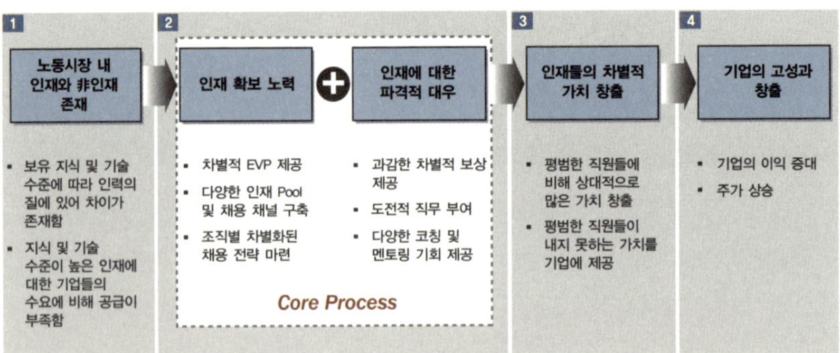

〈인재전쟁에서 승리하는 5가지 전략〉

인재 확보 노력 + 인재에 대한 파격적 대우

'인재전쟁'에서 승리하는 전략	내 용
1. 인재 지향적 태도(Talent Mind-set)를 가져라	▪ 모든 리더들은 더 우수한 인재가 탁월한 기업 활동을 이끈다는 깊은 확신을 가져야 함 ▪ 모든 관리자가 인재 Pool 강화를 책임져야 함 ▪ 인재 Pool을 구축하기 위해 과감한 투자를 해야 함
2. 성공으로 이끄는 EVP를 만들어라	▪ 오늘날의 인재들은 단순히 많은 권한이나 높은 수준의 보상을 선호하지 않으며, 도전적 직무, 조직문화, 개인의 공헌도에 따른 충분한 보상 등을 추구함 ▪ 마케팅 기법을 적용하여 EVP를 만들고 이를 지속적으로 개선하여야 함
3. 채용 전략을 재구축하라	▪ 외부로부터 인재를 영입하고 다양한 인재 Pool을 활용하여 상시적으로 인재를 모집해야 함 ▪ 원하는 사람을 얻고 싶다면 현재의 보상규칙도 파괴할 필요가 있으며, 회사의 각 부문에 적합한 채용전략을 개발하여 시행해야 함
4. 조직에서 인재개발을 정착시켜라	▪ 관리자들은 교육이나 훈련이 아닌 도전적인 직무 경험과 코칭, 피드백, 멘토링이 인재개발에 있어 보다 효과적이라고 생각함 ▪ 도전적인 직무 경험을 제공하기 위해 회사는 인재들을 조직 내에서 자유롭게 이동/배치해야 함
5. 관심은 평등하게, 대우는 차별적으로	▪ 성과 수준 등으로 선별된 A급 직원들에게는 과감하게 투자하고, 성실하게 공헌하고 있는 B급 직원들을 성장시키는 반면, C급 직원들에게는 단호한 조치를 시행해야 함 ▪ 엄밀한 인재평가 과정을 운영하고 이를 통해 분류된 직원 개개인과 각 사업 단위에 적합한 실행 계획을 차별적으로 제공해야 함

우를 통하여 차별적인 가치와 높은 성과를 창출할 수 있다는 것이다. 여기에서 가장 핵심은 인재를 어떻게 확보하느냐와 인재에 대해 어떠한 파격적인 대우를 해주느냐 하는 것이다.

이를 위해 필자들은 크게 다섯 가지 전략을 제시하고 있다. 먼저 리더들은 기본적으로 인재 지향적 태도를 가져야 하며, 인재마다 원하는 바가 다르므로 이를 충족시킬 수 있는 가치들을 제시해줄 수 있어야 한다. 또한 외부로부터의 원활한 인재 영입을 위하여 채용 전략을 재구축하고 교육이나 훈련보다는 도전적인 직무 등을 부여함으로써 지속적으로 인재를 개발시킬 수 있도록 해야 한다. 마지막으로 직원들에게 관심은 평등하게 두되, 성과 달성 수준에 따라 직원들에 대한 처우는 차별적으로 제공하라는 것으로 요약될 수 있다.

이러한 주장은 경영상의 유행으로 번지며 마치 인재관리의 바이블로서 수많은 기업의 관리자들을 매료시켜 왔다. 그러나 일각에서는 인재를 두고 기업 간에 뺏고 뺏기는 끝이 없는 '인재전쟁'의 실효성과 책에서 제시하고 있는 승리 전략에 대해 의문을 제기하기도 한다. 이러한 대표적 예가 바로 인재관리 측면에서 살펴본 엔론의 몰락이다.

경영학계 및 실무에서 '살아있는 경영 교과서'로 불리며 『월스트리트 저널(*Wall Street Journal*)』이 선정한 '경영 구루(Management Guru)' 중 한 명으로 칭송받고 있는 게리 하멜(Gary Hamel) 런던비즈니스스쿨(London Business School: LBS) 교수가 자신의 저서인 '*Leading the Revolution*'(역서명: 『꿀벌과 게릴라』)에서 혁신 기업의 전형으로 극찬했던 기업 중 하나가 바로 엔론(Enron)이었다. 지금은 역사의 뒤안길로 사라졌지만, 엔론은 설립 15년만인 2000년 미국과 유럽 에너지 거래 시장의 20%를 점유하며 『포춘(*Fortune*)』 지가 선정한 500대 기업에서 7위를 차지한 세계적인 초우량 기업이었다. 이러한 성과를 바탕으로 1996년부터 2001년까지 『포춘』 지에 6년 연속 '미국에서 가장 혁신적인 회사'로 뽑히기도 하였다.

이렇게 한때 최고의 기업으로 극찬받았던 엔론은 2001년 차입에 의존한 무리한 신규 사업의 수익 미창출로 막대한 손실을 입게 되었으며, 이를 감추기 위해 분식 회계 및 계약 시 뇌물수수 등을 벌이게 된다. 이로 인해 엔론은 2001년 파산선고로 겪었고, 엔론의 재무담당 회계법인인 아서 앤더슨(Arthur Anderson)은 분할매각 절차를 밟게 된다. 이러한 엔론의 사례는 지금은 회계장부 조작으로 망한 부정직한 기업의 대명사로 흔히 거론되고 있다.

그러나 부정회계 사건 이외의 다른 측면, 예를 들면 인재경영 등과 같은 부분에 대해서는 그다지 알려진 바가 없다. 동일한 현상의 이면을 색다른 시각으로 파헤치는 것으로 유명한 저명 칼럼니스트 말콤 글래드웰(Malcolm Gladwell)이 2002년 엔론의 인재경영에 대한 이야기를 기고한 바 있다. 『블링크』나 『티핑 포인트』와 같은 베스트셀러 저자이기도 한 그는 그 칼럼에서 엔론의 인재 경영에 숨은 이야기들을 들려 준다. 그는 엔론의 인재경영 자문역을 수행한 맥킨지식 인재관리에 대해 파고드는데, 1997년 맥킨지사는 맥킨지 분기 보고서(McKinsey Quarterly Report)를 통해 지금의 'War for Talent(인재전쟁)'로 알려진 책의 내용들을 주장해왔다.

엔론은 이러한 인재경영 방식의 최적의 실험장이 되었는데, 엔론의 CEO는 맥킨지 출신 컨설턴트로, 맥킨지는 엔론에서 20개 이상의 프로젝트를 수행하였다. 엔론의 이사회에서는 맥킨지 디렉터(McKinsey Director)들의 참석이 성례화되어 있었다. 이러한 인적 구성 및 영향력은『인재전쟁』에서 밝힌 내용들을 시행하기 위한 최적의 토양을 제공하였는데, 직원 선발 시 세계 최고의 경영대학원 출신(MBA) 인재 유치에 주력하였으며, 파격적 보상 및 도전적 직무 부여 등 평가 및 보상, 경력개발 등의 모든 측면에서 스타 시스템(Star System)의 총체적 구현을 실현하였다. 또한 '오픈 마켓(Open Market)' 등 인력내부 이동 시에도 경쟁체제를 도입하였으며, 신사업 진출 시에도 그 판단의 근거로 인재모집 용이성을 활용하였다.

그런데 이러한 엔론의 인재관리 방식은 일련의 문제들을 야기하였는데, 세계 최고의 경영대학원 출신들을 유치하면서 이들이 회사에 필요한 지식이나 기술을 습득하기도 전에 단기간에 본부장 및 임원을 차지하게 되었고 출신교 간에 파벌이 형성되면서 특정 경영대학원 출신이 아니면 능력과는 무관하게 승진에 배제되는 현상이 심각한 수준으로 나타나게 되었다. 뿐만 아니라 성과에 따른 파격적인 보상을 얻기 위해 과도한 실적지상주의가 발생하였으며 구성원 간 팀워크가 필요한 업무들에 협력하기보다는 남들보다 더 앞서나가기 위해 협업을 하지 않는 분위기가 팽배해졌다. 또한 단기간에 성과를 내면 다른 직무의 상위직급으로 이동함으로써 해당 업무에 대한 충분한 직무 경험을 축적할 기회가 부족하였으며, 이러한 심각한 경쟁구조 상에서의 '오픈 마켓(Open Market)' 도입은 부서 이기주의로 인한 인재 가로채기의 가열화를 가져왔다. 뿐만 아니라 특정 부서가 인재를 독식함으로써 회사 전체와 부서 이익 간 충돌이 발생하는 경우도 발생하였다. 앞서 언급하였듯이 신사업 진출의 판단 기준이 인재확보 용이성이었기 때문에 시장 전망이 좋지 않거나 주주 · 고객의 요구(needs)가 없을지라도 인재가 많은 특정 부서에서 신규 사업을 원할 경우 무리한 차입을 통해 해당 영역에 진출 감행을 결정하고 실패 시 이에 대한 책임을 아무도 지지 않는 경우가 속출하기도 하였다. 이렇게 단기 실적주의만을 최우선시 하다 보니 손실에 대해 당장의 눈가림을 하기 위한 부정직한 방법들이 횡행하였으며, 일단 회피하고 보자는 방만한 태도가 팽배해졌다. 이러한 책임의식의 부재는 궁극적으로 회계부정으로 이어지게 되었다. 그 결과 협력적 조직 문화는 와해되었으며 비리 및 스캔들 발생의 단초를 제공하게 되었고 주주 및 고객 니즈는 도외시하게 되었다. 뿐만 아니라 최고의 경영대학원 출신들이라고 선발된 이들은 업무손실에 대한 책임을 지지 않고 보다 좋은 조건을 제시하는 경쟁사로 옮겨가면서 이직률은 20%에 육박하게 된다.

이러한 엔론의 사례를 통해 말콤 글래드웰은 자신의 조직에 대한 충분한 이해 없이 외부에서 제안한 인재경영방식을 무비판적으로 받아들일 경우 그것은 조직 내 인재 양성을 위한 비법(Secret)이 아니라 단지 신화(Talent Myth)에 지나지 않음을 경고하고 있다. 이를 통해 과연 우리 조직의 핵심인재관리는 조직 역량 강화를 위한 비법인가 아니면 단지 신화에 불과한 것인가를 깊이 자문해볼 필요가 있다.

2 하나금융그룹의 인재확보전략

하나금융그룹 인재확보전략은 무엇보다 핵심가치들을 기반으로 도출된 하나인재상에 근거하여 성과리더십, 조직리더십, 혁신리더십을 겸비한 'Right People'을 선발하는 데 주력한다. 이러한 인재 선발방식은 다양한 금융 부문 각각이 최적화된 효율성을 달성하면서 이들 간 긴밀한 네트워크를 통해 발생하는 시너지를 통해 전체 그룹 성과 창출에 이바지하기 위한 목적에 부합하도록 고안되어 있다. 이를 위해 하나금융그룹은 국내 최초로 '부문별 채용'을 도입하여 운영 중에 있는데, 이러한 채용 방식은 기능 중심적 사고에 기반한 것으로 그룹 차원의 우수인재를 확보하는 동시에 부문별 채용 홍보를 통해 경력개발프로그램(CDP)별로 직무 전문가를 육성하겠다는 하나금융그룹의 의지를 고스란히 담고 있다고 할 수 있다.

그러나 이러한 부문별 채용을 실시하면서도 변치 않는 인재확보 제1의 원칙이 있다. 그것은 바로 '핵심가치에 기반한 선발'이다. 여기서 '핵심가치에 기반한 선발'은 곧 '스펙이 좋은 인재(Good People)'가 아니라 '조직에 적합한 인재(Right People)'를 찾는다는 의미이다. 그렇다면 하나금융그룹이 말하는 '조직에 적합한 인재(Right People)'의 정의는 과연 무엇일까? '조직에 적합한 인재(Right People)'의 정의는 하나금융그룹의 핵심가치와 밀접히 연계되어 있는 '인재상'을 통해 도출할 수 있다. 이는 하나금융그룹의 '인재상'은 단순히 구색 좋은 내용들을 모아 놓은 비현실적인 인간상이 아니라 하나금융그룹의 조직 미션과 미래 비전을 달성하기 위한 동반자로서 어떠한 특성과 자질을 갖추고 있어야 하는지를 담고 있는 응축된 결집체, 바로 그것이기 때문이다.

1) 인재상

하나금융그룹이 추구하는 인재상의 뿌리는 바로 하나금융그룹의 정신적 DNA인 핵심가치들을 바탕으로 하고 있다. 즉, 하나금융그룹의 인재는

〈그림 Ⅳ-3〉 인재확보 체계(Framework)

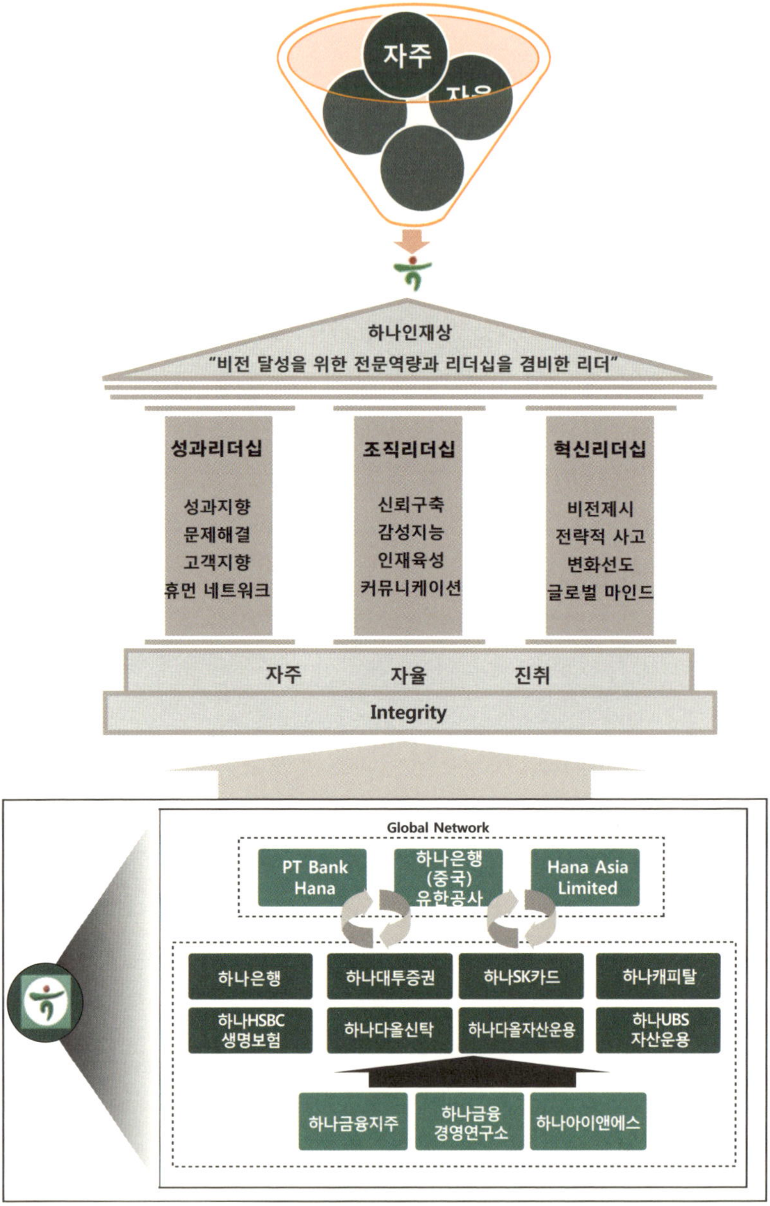

Integrity와 정신적 가치인 자주, 자율, 진취를 기반으로 행동가치인 성과리더십, 조직리더십 및 혁신리더십을 갖춘 리더로서, 비전 달성을 위한 전문역량과 리더십을 겸비한 사람을 의미한다. 하나금융그룹에서는 리더십 유형을 세 가지로 구분하고 있는데, 이는 현재뿐 아니라 미래에 필요한 리더의 역량들을 아우르기 위함이다.

성과 리더십의 경우 조직의 리더는 자신이 맡은 부문에서의 성과 창출을 달성해야 한다는 기본 요건을 명시한 것이다. 이에 성과 리더십은 스스로 도전적인 목표를 부여하고 이를 달성하기 위한 강한 의지와 실행력을 갖는 것이 필수적이다. 리더의 조직의 성과 창출은 분명 강조되고 중요하게 고려되어야 하지만, 원활한 커뮤니케이션을 바탕으로 조직 내 신뢰의 공동체 문화를 형성하여 조직을 이끌어 가는 역량을 의미하는 조직 리더십 또한 리더가 갖추어야 할 주요 덕목으로서 간과할 수 없는 부분이다. 이러한 조직 리더십을 갖추지 못할 경우 단기간 성과를 낼 수는 있겠으나, 조직 구성원들의 불만족은 높아질 수 있고 극단적인 경우 직원들이 대거 이탈할 수 있기 때문에 조직 리더십 측면 또한 강조되고 있다. 이러한 성과 리더십과 조직 리더십이 상대적으로 단기간의 조직 성과 창출과 인력 관리 측면을 다루고 있다면, 혁신 리더십은 경영환경 변화에 대한 명확한 통찰력을 바탕으로 조직이 나아갈 방향을 구체적으로 제시하며 이를 구성원과 함께 공유하는 것으로써 지속적인 성장(Sustainable Growth)을 위한 미래지향적 역량으로 중시된다.

이처럼 하나금융그룹에서는 핵심가치에 근간을 두고 여기서 뻗어 나간 세 가지 리더십의 가지들, 즉 성과 리더십, 조직 리더십, 그리고 혁신 리더십이라는 행동지표를 하나인재상의 핵심 축으로 설정하고 있다.

이러한 각각의 리더십에는 각기 대응되는 세부 행동지표들이 존재하게 되는데, 먼저 성과 리더십의 경우를 살펴보면,

- 도전적이지만 달성 가능한 목표를 설정하고 노력하는 자세를 보여준다.
- 업무를 하는 데 있어 고민만 하지 않고 일단 업무를 실행하면서 유연하게 보완해 나간다.

〈그림 Ⅳ-4〉 하나금융그룹의 인재상

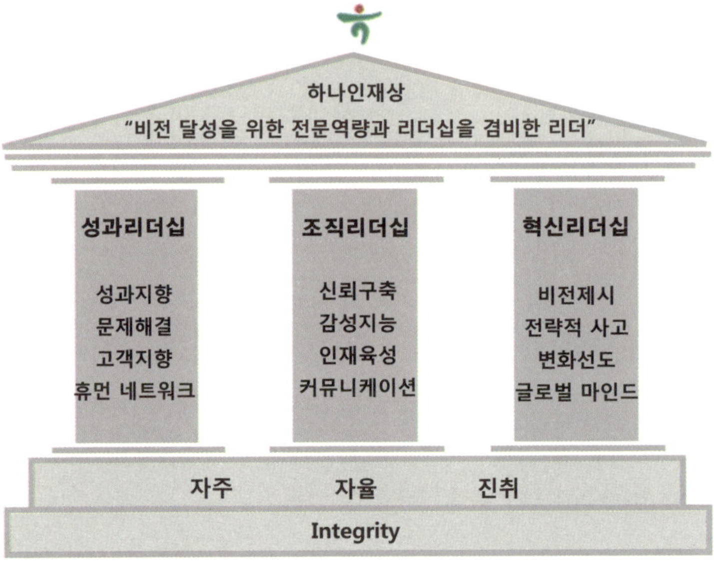

- 단위 조직의 목표 달성에 대한 희망과 자신감을 표현함으로써 팀원들의 몰입과 공감을 이끌어낸다.
- 효율적으로 목표를 달성하기 위해 부하 직원의 역량과 수준에 맞는 업무 권한과 책임을 부여한다.
- 업무 추진에 도움이 되는 다양한 인적 네트워크를 보유하고 있다.
- 복잡한 상황과 문제의 핵심을 파악하여 단순하고 명확한 방향을 제시한다.
- 회사 전체에 영향을 미칠 수 있는 리스크까지 면밀하게 파악하여 의사결정을 한다.
- 고객만족이 회사에 미치는 사업적 가치를 인식하고 고객중심의 문화를 조직과 회사 내에 구축하기 위해 노력한다.
- 잠재고객을 파악하고 개발하며, 고객의 요구를 해결하기 위한 다양한 방법을 강구한다.

조직 리더십의 행동지표는 다음과 같다.

- 타인의 의견이나 감정 등을 배려하여 행동함으로써 타인으로 하여금 자신이 존중받고 있다는 느낌을 준다.
- 팀 구성원들이 서로 가족처럼 느낄 수 있도록 팀 내 공동체 문화를 형성하는 데 기여한다.
- 그룹사 간, 회사부서 간, 외부와 일할 때 배타성을 버리고 누구와도 일할 수 있는 자세를 가지고 있다.
- 스트레스 상황에서 업무를 하거나 감정이 격화되었을 때 자신의 감정을 잘 조절하고 부정적인 행동을 억제한다.
- 부하직원의 권한과 책임을 명확하게 설정한다.
- 성과에 따라 잘한 점과 못한 점을 구체적으로 명확하게 피드백한다.
- 부하직원의 성과와 역량을 정확하고 공정하게 평가하며, 이를 근거로 강점과 육성 방향을 정확하게 알고 있다.
- 부하직원이 역량개발을 위한 교육에 참여할 수 있도록 적극적으로 시간과 자원의 핵심을 요약하여 분명하고 정확하게 정보를 전달한다.
- 자신의 의견만 내세우지 않고 다른 사람의 비판이나 의견을 받아들인다.

마지막으로 혁신리더십의 행동지표의 경우에는,

- 비전의 달성이 조직구성원 개개인의 발전에 어떤 가치를 부여하는지 제시함으로써 직원의 열정을 이끌어낸다.
- 그룹의 비전 · 전략과 단위 조직의 실행 전략을 일치시킨다.
- 하나금융그룹의 가치와 정책을 스스로 준수하고 그러한 행동을 구성원에게 독려함으로써 조직 가치와 정책의 전파자가 된다.
- 금융산업 및 사회 · 경제적 변화가 조직에 미치는 영향을 분석 · 예측하고 전략 방향을 수립한다.

- 변화하는 고객의 요구 사항을 지속적으로 모니터링하여 미래의 수요를 예측하고 이에 대응할 수 있는 전략을 개발한다.
- 기존의 방법에 만족하지 않고 새로운 방식에 관심을 가지며 수용할 자세가 되어 있다.
- 자신과 부서의 업무 영역 중 변화해야 할 부분을 설정하고 자발적으로 변화를 시도한다.
- 자신의 분야에서 글로벌 경쟁력을 가지기 위해 스스로 지속적인 학습을 하여 금융 분야의 글로벌 스탠다드를 이해한다.
- 잠재적으로 진출 가능한 해외 시장의 사회 · 문화 · 경제적 특성을 이해하기 위해 스스로 노력한다.

〈표 Ⅳ-1〉 하나 인재상의 3대 리더십 세부 내용

구분	의미	세부내용	
		구성항목	의미
성과 리더십	스스로 도전적인 목표를 부여하고, 이를 달성하기 위한 강한 의지와 실행력을 갖는 것	성과지향	도전적인 목표를 달성하기 위해 지속적으로 노력하는 자세를 보이며, 부하를 달성할 수 있도록 지원하여 효율적 · 효과적으로 성과를 낼 수 있도록 영향력을 발휘하는 행동
		문제해결	체계적인 업무계획과 활동에 따른 일 처리와 적절한 시점의 정확한 의사결정을 통해 문제를 해결하는 능력
		고객지향	고객의 기대 및 요구사항에 능동적으로 대응하는 고객지향적 문화를 구축하여 고객의 만족과 감동을 이끌어내는 행동
		휴먼 네트워크	내 · 외부 고객을 비롯한 업무상 접하게 되는 타인에 대한 폭넓은 이해를 바탕으로 자연스러운 인간관계 형성 및 조직성과 향상에 유익한 인간관계를 형성하는 능력
		신뢰구축	개방적인 태도와 세심한 배려를 통해 서로 믿고 누구나 참여할 수 있는 조직문화를 구축하고, 단위 조직의 응집력을 유지하는 능력

조직 리더십	원활한 커뮤니케이션을 바탕으로 조직 내 신뢰의 공동체 문화를 형성하여 조직을 이끌어 가는 것	감성지능	자기 자신에 대해 긍정적으로 확신하고, 스트레스 상황에서도 평정심을 잃지 않으며, 정서적인 측면에서 부하 직원들을 동기부여하고 갈등을 관리하는 능력
		인재육성	부하 직원의 잠재력을 정확히 평가하여 향후 조직의 성장에 기여할 수 있는 인재로 성장할 수 있도록 지원할 뿐 아니라, 조직에 필요한 외부 우수 인재를 적극적으로 탐색하는 행동
		커뮤니케이션	상대방의 기대나 욕구를 명확히 이해하고 자신의 의사를 다양한 방식을 통해 명확히 전달하여 이해관계를 조정하는 능력
혁신 리더십	경영환경 변화에 대한 명확한 통찰력을 바탕으로 조직의 나아갈 방향을 구체적으로 제시하며 이를 구성원들과 함께 공유하는 것	비전제시	회사의 비전 및 전략에 대한 명확한 이해를 바탕으로, 이를 구성원들과 함께 공유하여 실현하려는 의지와 행동
		전략적 사고	경영환경과 고객의 변화 니즈를 분석/예측함으로써 조직의 나아갈 방향을 적극적으로 제시하는 행동
		변화선도	회사의 전략적 방향성에 따른 변화를 명확히 이해하고 적극 동참할 뿐만 아니라, 변화를 실질적으로 주도하는 행동
		글로벌 마인드	언어, 문화적 다양성에 대한 수용 등을 통해 글로벌 비즈니스 환경에 적응하는 역량

이러한 리더십 유형과 필요한 역량들을 연계한 전체적인 상은 다음과 같다.

〈그림 Ⅳ-5〉 하나 인재상의 리더십 모델

2) 인재선발방식

이러한 인재 확보를 위해 하나금융그룹에서는 면접 시 지원자들의 출신 배경 등을 보는 대신 그 사람 자체의 역량과 열의를 보고자 한다. 이를 위해 하나금융그룹에서는 역량을 크게 세 가지 영역으로 구분하고 이를 주요 요소로 나눈 뒤 그룹에 필요한 역량과 체계적으로 매칭시킨다. 이를 통해 각 영역과 역량에 적합한 채용면접 적용 툴이 결정된다. 먼저 인지 능력 측면(Cognitive Domain)에서 기술적 지식과 기술(Technical Knowledge and Skill)은 하나금융그룹의 기능적 업무 수행을 위해 필요한 역량(HFG Functional Competency)과 연계된다. 이러한 역량 측정을 위하여 하나금융그룹에서는 직무수행능력평가, 논술 및 상식 평가, 프리젠테이션, 집단토론, BEI 방식 인터뷰를 활용한다. 행동/리더십 영역(Affective & Behavioral Domain)에서는 행동의 유형과 리더십 스타일이 중요한데, 이는 리더십 역량(HFG Leader Competency)과 연계된다. 이러한 리더십 역량을 평가하기 위하여 집단토론과 BEI 방식 인터뷰, 'Hana Value Solution'이 활용된다. 마지막으로 직업관/성향과 관련된 부분(Intentional & Attitudinal Domain)은 조직 가치와 선호 유형과 관련되는데, 조직 가치의 경우 하나금융그룹의 핵심가치와의 적합 정도(HFG Corporate Competency)와 연계되며 선호 유형은 직무 적합성(Job Fitness)과 연결된다. 지원자들의 조직 가치 적합성 및 리더십 역량을 평가하기 위하여 하나금융그룹에서는 오랜 기간 내부개발 작업과 타당성 검증을 거친 채용면접 툴인 'Hana Value Inventory(HVI)'와 'Hana Value Solution (HVS)', BEI 방식 인터뷰를 적극 활용하고 있다.

각 역량 유형을 평가하는 면접 방식에 대해 보다 자세히 살펴보면, 먼저 행동사례면접인 BEI 방식 인터뷰는 과거의 특정 상황에서 발휘한 행동을 각 직무에 필요한 역량에 초점을 맞추어 질문을 실시하는 구조화된 면접 형태 중 하나이다. 조별로 3~4명이 짝을 이루어 행해지며 이를 통해 잠재업무수행능력평가뿐 아니라 하나리더십파이프라인에 근거한 리더십 역량 평가, 그리고 부문별 역량 평가가 이루어진다. 프리젠테이션의 경우에도 3~4명으로

〈그림 Ⅳ-6〉 역량 및 면접방식 연계도

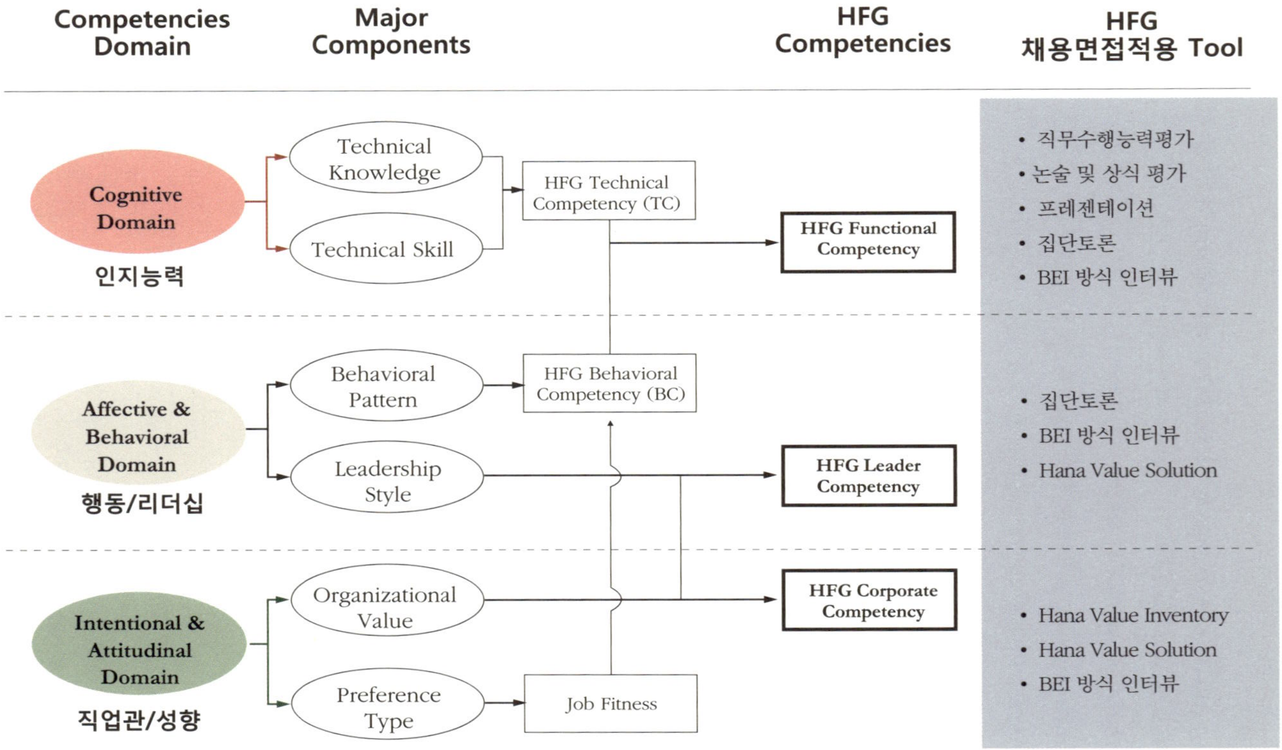

이루어진 소별로 관련 주제에 대해 발표하게 되며 이때 하나리더십파이프라인에 근거한 리더십 역량 평가가 이루어진다. 집단토론의 경우에는 조별로 6~8명으로 구성되며 개인 프리젠테이션과 연결된 주제를 가지고 토론이 이루어지는데, 이 역시 하나리더십파이프라인에 근거하여 리더십 역량 평가가 이루어진다.

특히 하나금융그룹만의 독특성을 담은 면접 방식으로 'Hana Value Inventory'와 'Hana Value Solution'을 들 수 있다. 'Hana Value Inventory'의 경

〈표 Ⅳ-2〉 면접유형 및 세부 내용

면접 유형	내용
행동사례면접 (Behavioral Event Interview: BEI)	과거의 특정 상황에서 발휘한 행동을 각 직무에 필요한 역량에 초점을 맞춰 질문을 실시하는 구조화된 면접형태 • 잠재업무수행능력평가 • 하나리더십파이프라인에 근거한 리더십 역량 평가 + 부문별 평가역량 • 개별질의를 통한 역량 평가방식 • 조별 3~4명 면접
HVI (Hana Value Inventory)	그룹가치 부합여부 판단(설문형식)
HVS (Hana Value Solution)	• Indoor Activity(게임면접)/ 12~20명 이내 집단면접 • Structural Group Dynamic Game을 통해 인간 본연의 품성을 자연스럽게 발현되도록 유도하여 그룹가치 부합 여부 판단 • 문화인류/심리/교육분야의 교육방식 도입
Presentation	관련 과제에 대해 발표 • 하나리더십파이프라인에 근거한 리더십 역량 평가 • 조별 3~4명 발표
집단 토론	제시된 과제에 대해 토론 • 하나리더십파이프라인에 근거한 리더십 역량 평가 • 개인PT와 연결된 주제 • 조별 6~8명 토론

우 기업핵심가치 부합도를 측정하는 도구로 조직적응력과 성과 시현 가능성을 높이기 위하여 2007년 개발되어 선발 도구로 도입되었다. 총 다섯 가지 가치를 측정하며 문항 수는 25개로 20분간 본인의 성향을 묻는 질문에 대해 '가장 가까운 성향'과 '가장 먼 성향'을 선택하도록 한다. 여기서 나온 가치(Value) 총점은 지원자들을 비교 시에 사용되며, 각 요소별 점수는 지원자 개인의 성향 분석 시 활용된다. 핵심가치에 기반한 선발방안 효과성을 측정하기 위해 하나금융그룹에서는 지난 2년간 선발 시 핵심가치 점수가 높은 직원이 과연 업무 성과 수준이나 이직률 측면에서 어떠한 패턴을 보이는지를 살펴보았다. 그 결과 하나금융그룹의 핵심가치 측정에서 높은 점수를 받고 입사한 직원일수록 업무 성과 수준이 높았으며 1년 내 이직률도 현저히 낮은 것으로 나타나 핵심가치에 기반한 선발 방식의 효용을 입증하였다.

〈그림 Ⅳ-7〉 Hana Value Inventory(HVI) 정의 및 내용

정 의
- **기업핵심가치부합도를 측정하는 테스트 도구**

개발배경
- 조직적응력과 성과시현 가능성을 높이기 위하여 기업핵심가치에 부합하는 인재위주의 선발도구로 도입

측정요소
- **5가지 Value**
  (Value 총점은 지원자들을 비교 시 사용, 개별 Value 점수는 지원자 개인의 성향 분석 시 사용)

측정방법
- **문항 수: 25개** (20분간 측정, 성향을 묻는 질문(4~6개의 보기)에 대해 보인과 '가장 가까운 성향'과 '가장 먼 성향'을 선택하도록 함)

예시

문항

A	나는 다양한 사람들과 더불어 일하는 것을 즐긴다
B	나는 다른 사람들에게 정당하지 못한 편의를 제공받으면 마음이 불편하다
C	나는 어려운 상황을 직면해도 나의 입장에 대하여 늘 확신하고 있는 편이다
D	나는 목표를 달성하기 위해 필요한 것이 있다면 내가 먼저 나서서 주위 사람들에게 필요한 것을 요청한다
E	나는 목표달성을 위해 체계적으로 계획을 수립하고 필요한 일들을 조직화한다
F	나는 다른 사람들보다 나 자신에 대해 좀더 엄격한 판단기준을 적용한다

응답

가장 가깝다	가장 멀다
● Ⓑ Ⓒ Ⓓ Ⓔ Ⓕ	Ⓐ Ⓑ ● Ⓓ Ⓔ Ⓕ

또 다른 면섭 도구인 'Hana Value Solution'은 실내에서 진행되는 다양한 게임면접(Indoor Activities)을 통해 자연스럽게 드러나는 지원자의 품성을 관찰하고 기업의 핵심가치 부합 정도를 측정하는 면접방식이다. 전통적인 면접의 경우 지원자와 회사 간 정보 비대칭성(Information Asymmetry)이 존재하기 때문에 회사는 지원자의 의도된 모습과 꾸며진 외양에 의해 지원자의 정확한 질(True Quality)을 평가하기가 쉽지 않다. 지원자의 있는 그대로의 모습을 알기 위한 방법은 과연 무엇일까? '한 시간의 놀이가 일 년의 대화보다 그 사람에 대해 더 많은 것을 말해준다'는 플라톤의 말처럼, 놀이에 참여하고 집중하는 동안에 꾸미지 않은 자신의 본래 모습이 나타난다는 점에 착안한 놀이를 통한 개인의 특성 발견 방식은 문화인류학과 심리학 및 교육학에서 활발히 활용되고 있다. 이러한 게임면접을 하나금융그룹에서는 세계 최초로 도입하여 실시하고 있는데, 게임을 통해 드러나는 행동을 관찰하고 평가하

〈그림 Ⅳ-8〉 Hana Value Solution(HVS) 정의 및 내용

정 의

• 다양한 놀이를 통해 자연스럽게 드러나는 지원자의 품성을 관찰하고 기업의 핵심가치 부합 정도를 측정하는 면접방식

배경/목적

• "한 시간의 놀이가 일 년의 대화보다 그 사람에 대해 더 많은 것을 말해준다." - 플라톤 -
• 경험을 통한 배움(Experiential Learning) 프로그램을 놀이를 통한 평가(Assessment Through Playing)가 가능하도록 고안

측정방법

• 기업핵심가치
→ 가치들이 행동으로 나타날 때의 **행동특성**을 추출
→ 행동특성들이 구체적인 게임에서 발현될 **행동양태** 추론
→ 게임을 할 때 행동을 **관찰평가**
→ 행동평가의 결과로 기업의 핵심가치에 **적합한지 평가**

활 용

• 신입사원 선발시 선발 참고자료로 활용

며 이러한 행동특성들이 향후 유사한 환경 속에서 어떠한 행동양태로 나타날 지를 추론하게 된다. 이러한 놀이방식의 면접을 통해 궁극적으로 이러한 행동특성이 하나금융그룹이 지향하는 핵심가치에 적합한지를 평가하는데, 'Hana Value Solution'은 현재 신입사원 선발 시 선발 참고로 활용되고 있다.

〈중앙일보 2007년 11월 26일 기사(김창규 기자) — '게임 면접' 관련 내용〉

"왼쪽으로. 아니 … 아니 …, 너무 많이 갔어요. 다시 30cm 정도 오른쪽으로, 그런 다음 앞으로 가세요."

23일 오후 5시30분 경기도 기흥에 있는 하나은행연수원 한마음터.

하나은행 · 하나대투증권 · 하나생명 등 하나금융그룹 신입사원을 뽑는 면접이 진행됐다. 7명씩 한 팀을 이룬 응시자들이 게임 면접을 보고 있다. 안대를 하고 2인 3각을 한 2명의 응시자에게 5~6명의 다른 응시자가 큰 소리로 길을 안내했다. 대형 주사위 · 볼링공 등 장애물에 걸리지 않고 통과하도록 설명하는 방식이다. 정장이나 넥타이를 맨 엄숙한 기존 면접에서 완전히 벗어나 운동복이나 청바지 차림의 응시자들은 게임 면접을 즐기는 표정이다.

취업난으로 금융회사 취업 경쟁률은 100대 1이 보통인 시대가 됐다. 이번에 170명을 뽑는 하나금융의 경쟁률도 120대 1이다. 덩달아 회사 측 고민도 커지고 있다. 원하는 품성의 인재를 가려내기 쉽지 않기 때문이다. 하나금융 측은 "응시자 대부분이 영어 시험 성적이나 대학 학점이 뛰어나 점수로만 판별하기 어렵다"며 "짧은 시간 안에 묻고 답하는 기존 면접 방식도 한계가 있다는 판단을 내렸다"고 말했다.

이에 따라 하나금융은 국내 처음 게임 면접을 도입했다. 게임을 통해 면접관들이 응시자의 품성 등을 파악하는 이색 면접이다. 면접 문제도 경영학 교수가 아닌 인류학 박사들이 출제했다. 인류학에서 리더십 훈련용으로 쓰고 있는 게임을 면접용으로 변형한 것이다. 20~23일 열린 하나금융 면접을 동행 취재했다.

"내가 어떤 물건을 들고 있다고 상상하고 몸짓으로 표현하는 겁니다. 그런 다음 내가 들고 있는 물건을 다른 응시자의 번호를 부른 뒤 던지는 자세를 취하세요."

면접관이 14명의 응시자에게 게임 설명을 했다. 면접관이 한 응시자의 번호를 부른 다음 테니스 공을 치는 자세를 취하자 그 응시자는 어색한 동작으로 공을 받는 몸짓을 했다. 이어 TV · 귀걸이 · 바나나 · 농구공 등 다양한 물건이 등장했다. 긴장하던 응시자들은 점점 밝은 표정을 지으면서 간간이 웃음까지 터뜨렸다.

응시자가 안대를 한 상태에서 줄 하나로 오각형을 만드는 문제도 나왔다. 7명으로 구성된 2개의 팀은 균형 있는 오각형을 만드는 방법을 궁리했다. 그런 다음 5명이 안대를 하고 나머지 2명의 설명에 따라 오각형을 만들기 시작했다. 어느 팀이 더 정확한 오각형을 만드느냐를 보는 방식이다. 응시자 이재호(25) 씨는 "금융사 3곳을 비롯한 10여 곳의 면접을 봤지만 대부분이 형식적이었다"며 "게임을 하니까 재미도 있고 뭔가 색다르게 자신을 표현한다는 느낌"이라고 말했다.

"한 시간의 놀이가 일 년의 대화보다 그 사람에 대해 더 많은 것을 말해준다."

게임 면접을 도입한 임영호 하나금융그룹 인사전략담당 상무는 철학자 플라톤의 말부터 먼저 꺼냈다.

임 상무는 "우리는 끈기 있는 집념의 인재를 원한다"며 "게임을 통해 응시자의 품성을 보고 싶었다"고 말했다.

게임 면접을 만든 박준규 인류학 박사는 "게임 면접에는 정답이 없기 때문에 정답을 보는 게 아니라 과정을 보는 것"이라며 "게임 과정에서 참가자의 진실한 모습과 숨길 수 없는 버릇이 나오는데 면접관이 이를 평가하는 것"이라고 말했다. 예를 들어 탑 모형을 만드는 게임을 통해 자신의 생각을 얼마나 정확하게 설명하고 상대방을 설득시키는 의사소통 능력이 있는지를 따져볼 수 있다는 것이다.

조남진 하나금융그룹 인사전략팀장은 "게임 면접을 해보니 원하는 품성의 응시자와 그렇지 않은 응시자가 확연히 구분됐다"고 평가했다. 이에 따라 하나금융은 프레젠테이션과 집단 토론 면접보다 게임 면접의 점수 반영 비중을 50% 이상으로 높이기로 했다.

조직과 직원 간 적합도와 조직 성과

조직과 직원 간 핵심가치의 일치가 개인의 성과 향상 및 이직률 저하에 도움을 준다는 결과는 비단 하나금융그룹의 경우만이 아니다. 조직과 직원 간 적합도(Person-Organization Fit)가 조직 성과에 기여한다는 실증 결과들이 지속적으로 제시되고 있다. 세계적인 경영학술지인 *Academy of Management Journal*에 기고된 논문인 "Organizational Culture and Employee Retention(조직문화와 직원유지)"(Sheridan, 1992)에 따르면, 6개 대형 회계법인에 입사한 904명의 대졸자들의 6년간 성과 및 이직률을 조사한 결과 기업마다 문화는 다양할 수 있으나 해당 기업과 직원들 간 가치가 유사할 경우 직원은 높은 성과를 창출하였으며 이들이 다른 회사로 이직하는 비율 역시 매우 낮음을 알 수 있다. 이러한 성과 향상과 이직률 저하 효과는 기업마다 차이는 있으나, 인적 자원에 소요되는 약 600만 달러 정도의 비용 절감 효과가 있는 것으로 나타났다. 뿐만 아니라 개인-조직 간 가치 적합성은 구직자들이 지원을 하거나 최종 합격 시 입사를 결심하게 하는 중요한 요인으로 작용하며(Cable & Judge, 1996), 조직에서 도움이 되는 업무 외 행위들 역시 증가시켰다(Posner, Kouzes & Schmidt 1985). 또한 조직의 가치를 체화 하는 사회화(Socialization) 과정 시에도 개인-조직 가치 간 유사성이 높은 경우 보다 효율적이라는 점이 입증되었다(Chatman, 1991). 이처럼 조직과 개인 간 가치 적합성은 구성원들의 조직 입사 전, 입사 시점, 그리고 입사 후까지의 전반적인 측면에서 구성원들과 조직 전체에 지대한 영향을 미치는 핵심 요인으로 볼 수 있다.

3 하나금융그룹의 인재육성전략

1) 하나금융그룹의 인재육성: 경력개발프로그램(CDP)

하나금융그룹의 인재육성전략은 1만 5,000여 명의 하나인들을 전문인력으로 육성하기 위한 체계적 로드맵인 경력개발프로그램(Career Development Program: CDP)에서 시작한다. 하나인들은 체계화된 경력개발프로그램을 통하여 전문인력으로 육성되는 한편, 2015년 그룹 비전 달성을 위하여 하나금융그룹에서는 우선육성대상자를 선정하여 보다 집중적인 교육 및 연수 기회를 제공함으로써 제한된 자원 하에서 전략적으로 인재를 육성하는 방안을 모색하고 있다. 즉, 하나금융그룹의 인재육성은 근원적 중추(Backbone)인 경력개발프로그램을 기반으로 하고 있으며, 직원들 중 일부를 우선 선정하여 핵심인재와 전문인력, 글로벌 인력 풀로 나누어 보다 먼저 집중적으로 육성하는 방식을 택하고 있다.

먼저 전 인력의 전문화를 목표로 실행 중인 경력개발프로그램 내용을 살펴보면, 하나금융그룹에서는 시장 경쟁력을 강화하고 직원들에게 비전을

〈그림 Ⅳ-9〉 CDP 인재육성전략 기본안

〈그림 Ⅳ-10〉 CDP 구축 목적 및 추진방향

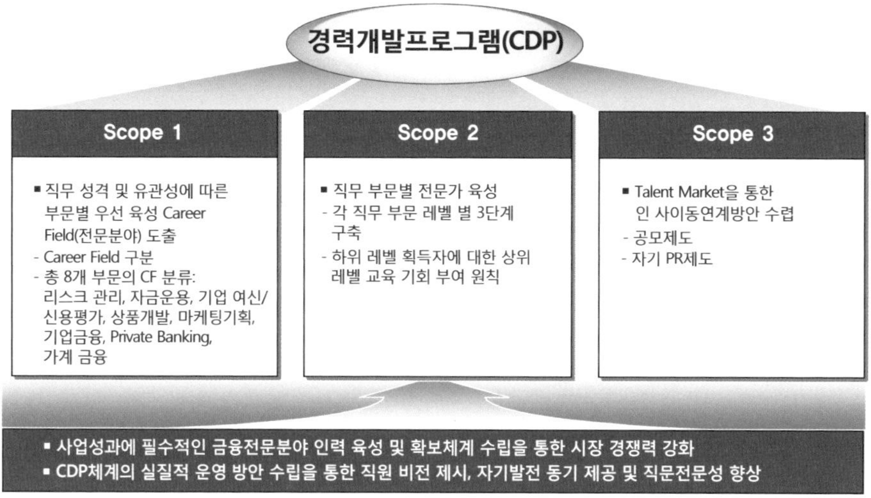

제시하는 한편 자기 계발 동기를 고취하기 위하여 체계적인 경력개발프로그램을 실시 중에 있다. 금융 전문분야 인력 확보 및 육성을 위한 목적으로 하나금융그룹에서는 크게 3단계의 경력개발프로그램을 시행하고 있다.(그림 Ⅳ-10)

먼저 직무 성격 및 연관성에 따른 부문별 우선 육성 경력 분야(Career Field)를 도출하는데, 하나금융그룹의 경우 리스크 관리, 자금운용, 기업여신/신용평가, 상품개발, 마케팅기획, 기업금융, 프라이빗 뱅킹(Private Banking), 가계금융의 총 8개의 경력 분야로 분류되었다. 이렇게 분류된 직무 부문 별로 3단계의 수준별 경력개발 방안이 제공되는데, 하위 수준 획득자에 대해 상위 레벨의 교육 기회 부여 원칙을 통해 경력에 맞는 역량 수준의 축적과 향상을 도모한다. 이렇게 구축된 직무 부문별 전문가 과정을 인사배치 및 공모와의 연계를 통해 실질적으로 경력개발프로그램의 효율성 제고를 도모하고 있다. 하나금융그룹에서는 경력개발 과정 결과를 인사이동과 연계하여 직무순환을 하고 있는데, 공모제도인 '탈렌트 마켓(Talent Market)'을 통한 인사이동연계 방안을 통해 직원들이 적절한 수준의 직무를 수행할 수 있도록 돕고 있다.

경력개발프로그램 운영은 직급별 공통 육성체계와 금융 전문가 육성체계로 이원화하여 실행하고 있으며, 해당 레벨 획득자에게 상위 레벨 교육 기회를 제공하는 것을 원칙으로 하고 있다. 직급별 공통 육성체계는 자격증이나 금융연수원 및 자기계발과정에서 제공하는 교육훈련프로그램을 이수하여 승진 이수 포인트를 확보해야 하며, 이때 고급/기본(Advance/Basic) 과정을 모두 이수해야 한다. 이외에도 기타 직급별로 필요한 교육훈련과정들을 이수하여야 한다. 책임자들은 책임자 학점제를 완수해야 하며 기타 직급별 필수 교육 역시 이수하여야 한다. 관리자들의 경우에는 관리자 경영자 과정과 기타 해당 직급에 맞는 필수 교육을 완수해야 한다. 금융 전문가 과정의 경우 레벨(Level) 1에서는 희망, 전문 분야(Career Field)에 대하여 직원 개개인이 학습하도록 하는데, 이때 각 레벨별로 필수 교육과정을 제시하는 한편 레벨 획득자에 대하여 상위단계 연수 및 현업기회를 부여한다. 또한 희망부서 및 고급교육 대상자 선발을 위하여 교육 성적 및 정성평가 지표를 반영한다.

〈그림 Ⅳ-11〉 CDP 운영 개념

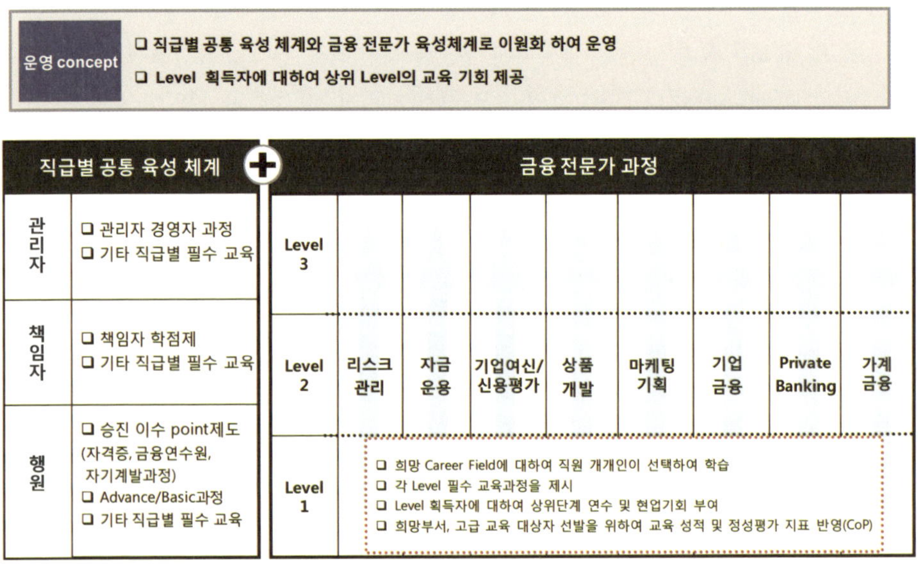

〈그림 Ⅳ-12〉 역량개발 교육프로그램 로드맵

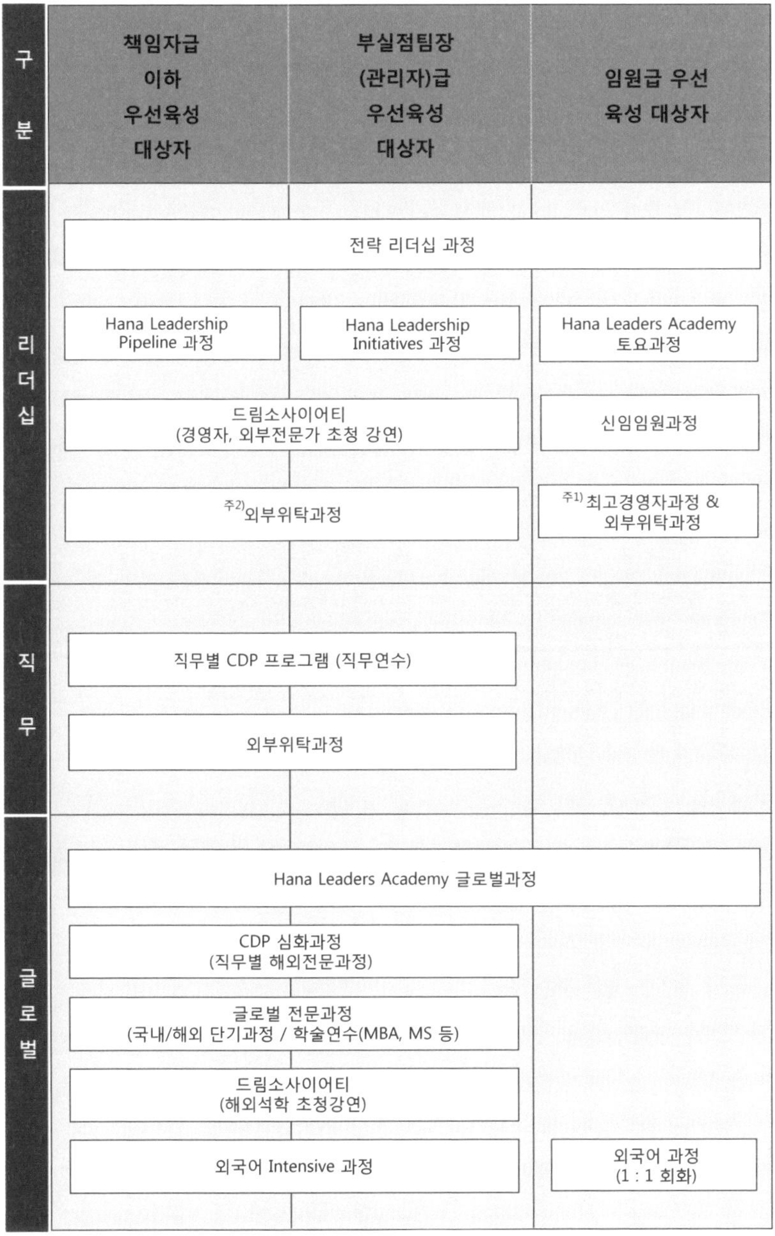

※ 주1: 조찬강연회, 인문학세미나, 매경지식포럼, 한경글로벌 포럼 외
주2: 리더십, Management 관련 외부우수과정(서울대 고급금융과정, 전략전문가과정, 영업점장 국내대학 최고경영자과정 외)

뿐만 아니라 하나금융그룹에서는 경력개발프로그램을 통한 역량 향상 결과를 인사제도평가와 연계하여 활용하고 있다. 즉, 필요 역량과 보유 역량 간 차이를 분석하여 보완점을 찾아내고 이에 대한 적절한 프로그램을 제공하고 있다.

특히 직원들은 MBA는 물론, 금융전문가 육성을 위한 금융관련 해외학위과정(MS/Ph.D.), 그리고 전 세계 금융관련 우수 교육기관에서 짧게는 1주일에서 최대 6개월까지의 다양한 해외단기과정을 통해서 해당 트랙에 맞는 최상의 교육을 받도록 집중적인 지원을 받고 있다.

뿐만 아니라 경력개발 과정의 역량 향상 정도를 보상과 긴밀하게 연계시켜 동기부여 효과를 극대화하고 있다. 또한 평가 측면에서는 역량 평가 부분에서 기본 역량, 리더십 역량 평가 항목을 하나인재상의 3대 리더십 행동지표에 근거한 평가항목으로 대체하여 사용 중에 있다. 특히 리더십 역량 평가의 경우 부분 다면평가를 시행하고 있는데, 이를 통해 역량 개발 요소를 발견하는 데 적극 활용하고 있다.

이처럼 직무 역량과 리더십 역량, 그리고 시현한 성과가 조화된 핵심인재 양성을 위해 관련된 역량을 배양할 수 있는 경력개발프로그램 및 타 인사제

〈표 Ⅳ-3〉 평가항목 반영 예

<table>
<tr><th colspan="3">구분</th><th>평가항목</th><th>비고</th></tr>
<tr><td rowspan="2">하향평가</td><td>기본 역량</td><td></td><td>Integrity,
자주, 자율, 진취</td><td></td></tr>
<tr><td>직무 역량</td><td></td><td>기획력, 분석력,
정보수집능력, 업무추진력</td><td></td></tr>
<tr><td rowspan="3">하향/
상향평가</td><td rowspan="3">리더십
역량</td><td>성과</td><td>성과지향, 문제해결,
고객지향, 휴먼네트워크</td><td>– 하향평가
→ 책임자 이상</td></tr>
<tr><td>조직</td><td>신뢰구축, 감성지능,
인재육성, 커뮤니케이션</td><td rowspan="2">– 상향평가
→ 팀원이 상위자
에 대해 평가</td></tr>
<tr><td>혁신</td><td>비전제시, 전략적 사고,
변화선도, 글로벌 마인드</td></tr>
</table>

도와의 연계 등을 제공하고 있다.

2) 핵심인재 육성전략

하나금융그룹에서는 선발된 인력들 모두를 금융전문가로 육성한다는 취지 하에 경력개발프로그램을 가장 근원적인 중추로 제공하고 있는 동시에 우선적으로 선발하여 보다 다양한 경험과 집중적인 훈련을 받을 수 있는 핵심인재관리 프로그램을 운영 중에 있다. 이러한 핵심인재관리 프로그램을 운영하는 취지는 최고 경영진(Top Management)으로 성장할 후보군(Bench Strength)을 두텁게 육성함으로써 인재 측면의 지속가능 경영(Sustainable Management)을 추구하고자 함이다. 이를 위해 경력 목표(Career Goal)를 고려한 맞춤형 육성을 지향하며 이러한 맞춤형 육성을 통하여 개인의 강점은 더욱 극대화하고 약점은 보완할 수 있도록 한다. 또한 역량개발과 함께 인재 검증을 병행하여 현재의 인재들이 미래에도 지속적으로 핵심인력으로 성장할 수 있도록 함과 동시에 잠재력을 가진 직원들 역시도 향후 핵심인력으로 활동할 수 있는 기회를 제공하고 있다.

하나금융그룹이 생각하는 전략적 인적자원은 크게 핵심인재, 전문인력, 글로벌 인력으로 구분된다.

물론 이 세 인적자원은 서로 공통된 부분이 존재하지만, 강조되는 부분의 차이를 부각시켜 살펴보자면, 핵심인재의 경우 하나인재상에 의한 평가를 거쳐 차세대 리더로 양성된다. 핵심인재는 크게 3개의 풀(Pool)로 운영되는데, 이는 임원급 우선육성대상자, 부실점팀장급 우선육성대상자, 책임자급 이하 우선육성대상자로 구성된다. 전문인력은 그룹 전략상 중요 분야 내 전문역량을 갖추고 있어 인력의 희소성이 특히 높은 직무군인데, 이러한 전문인력들은 투자금융(Investment Banking: IB), 프라이빗 뱅킹(Private Banking: PB), 웰스매니지먼트(Wealth Management: WM), 기업금융(Corporate Banking), 리스크관리(Risk Management), 자금/운용(Treasury) 분야의 전문인력, 리서치 애널리스트(Research Analyst) 등이 해당된다. 특히 전문인력 특성상 업무의 성공적 수행을 위하여 CFA, CFP, CRA 등 금융관련 전문자격증이

〈그림 Ⅳ-13〉 전략적 인적자원 유형

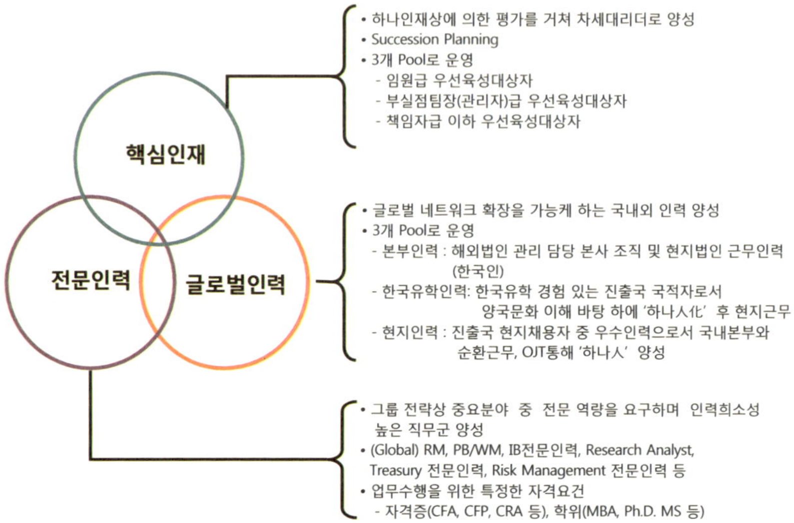

나 MBA, Ph.D., MS 등의 학위 수준이 요구된다. 글로벌 인력의 경우 글로벌 네트워크로의 확장을 위해 필요한 국내 · 외 인재를 의미하며, 이를 위해 해외법인 관리 담당 본사 조직 및 현지 법인 근무인력인 본부인력과 한국 유학의 경험이 있는 진출국 국적자로 양국에 대한 문화 이해를 바탕으로 '하나인'의 기업가치를 체득한 뒤 현지 근무하게 되는 인력이 포함된다. 뿐만 아니라 진출국 현지 채용자 중 우수인력으로 국내 본부에 순환근무하거나 직장 내 훈련(On-the-job Training: OJT)를 통해 '하나人'으로 양성된 현지 인력 역시 글로벌 인력을 구성하고 있다.

이러한 전략적 인적자원 핵심인재는 세 가지 유형으로 구분되는데, 본부장 이상 임원급으로 현재 '주요 임원 보직(post)'를 담당하고 있거나 담당할 후보군, 부실점팀장급으로 향후 경영진 후보군을 구성하는 '부실점팀장(관리자)급 우선육성대상자', 그리고 책임자급 이하로서 현재 전문분야별 우수인재이자 향후 부실점팀장급 우선육성대상자의 후보가 되는 '책임자급 이하 우선육성대상자'가 있다. 이러한 하나금융그룹의 핵심인재관리는 좁은 의미에서 미래의 조직 책임자를 양성한다는 전통적 승계 계획(Succession Planning)

〈그림 Ⅳ-14〉 핵심인재 유형 및 승계 계획(Succession Planning)과의 연계

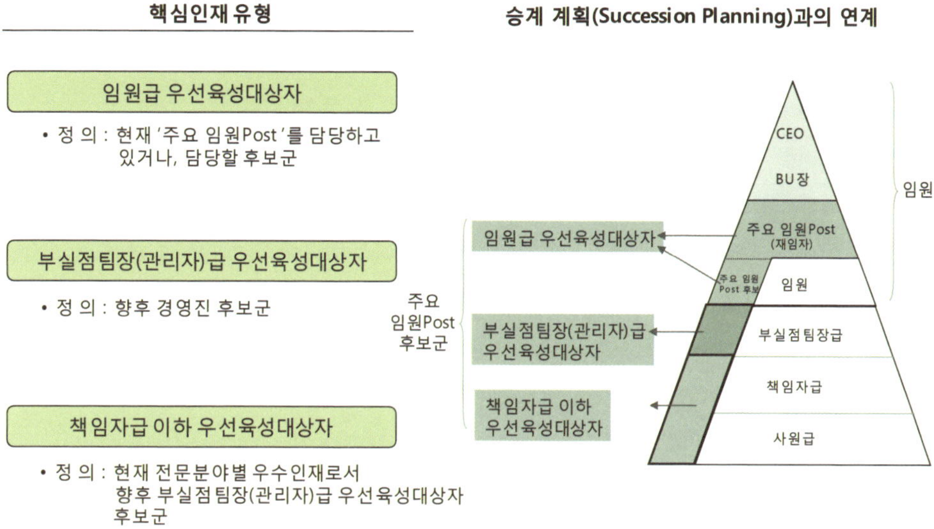

〈그림 Ⅳ-15〉 핵심인재 육성방안 체계

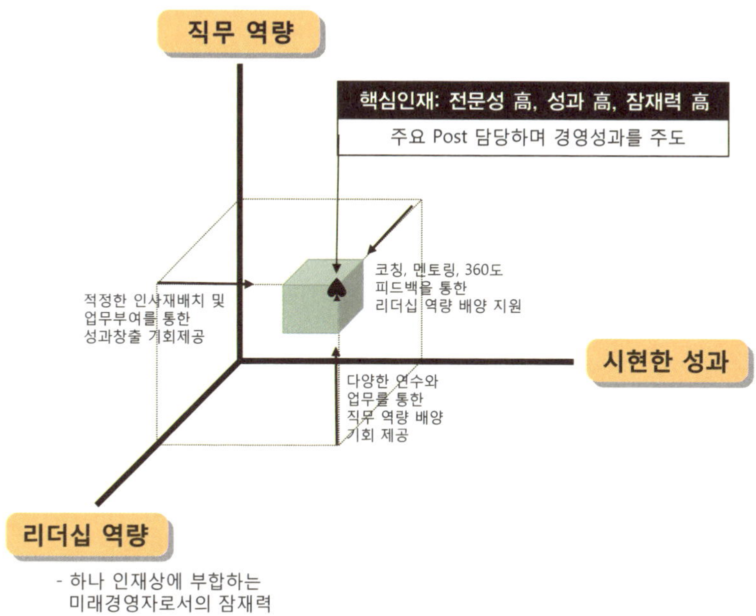

에서 더 나아가 사원급부터 체계적인 육성을 통해 임원 양성까지 이어지는 오늘날의 광의적 승계 계획 개념과 맞닿아 있다고 할 수 있다. 이를 통해 핵심인재들은 직무역량과 리더십 역량, 시현한 성과 사이의 균형을 이루어 향후 주요 부서에서 경영성과를 주도할 수 있도록 육성된다.

이러한 핵심인재들을 선발하는 과정은 그림에서 보듯이 사업부 내 전체 인력을 대상으로 인사고과와 육성 결과 등을 반영하여 사업부 장의 검토가 진행된다. 정기적인 검토를 통한 우선육성 대상자들의 유입-유출(In-and-Out)을 통한 인재 풀의 인력들은 사업부장이 작성한 인사고과, 리더십평가, 역량평가로 구성된 종합평가서와 직원 개인별 경력개발 계획서를 작성하여 인재육성위원회의 검토를 받게 된다. 이 과정에서 선발된 인력들은 핵심인재 풀로 확정되고 교육이나 업무 등을 통해 육성된다.

선발된 우선육성대상자들에게 제공되는 교육 및 연수로는, 국내 · 외 유수 대학의 정규(Full-Time) MBA 과정이 있으며, 금융에 보다 특화된 MBA 과정도 제공 중에 있다. 특히 투자금융(Investment Banking: IB), 프라이빗 뱅킹(Private Banking: PB), 웰스매니지먼트(Wealth Management: WM), 기업금융

〈그림 Ⅳ-16〉 핵심인재 선발 프로세스

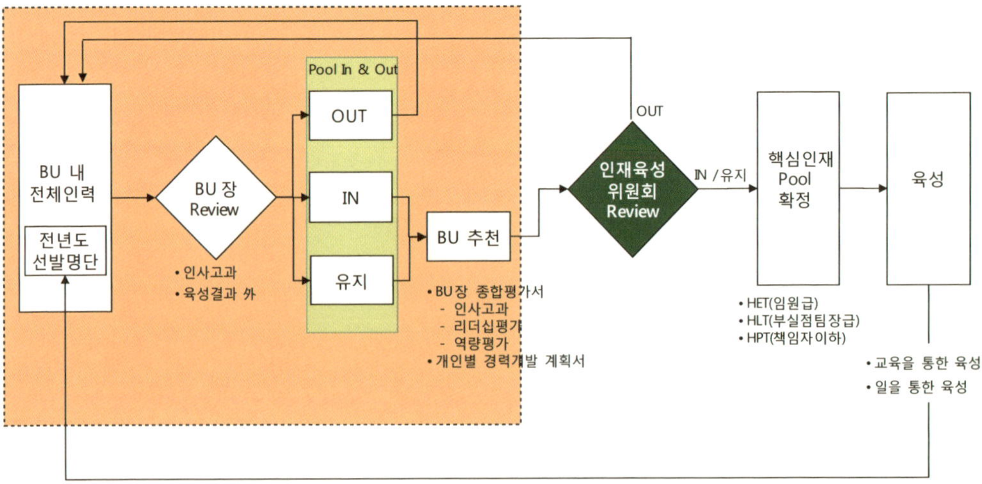

단순 고성과자가 핵심인재가 아닌 이유

지금의 고성과자가 핵심인재일 경우는 과연 얼마나 될까? 『하버드 비즈니스 리뷰』에서 조사한 바에 따르면, 현재의 고성과자들(High Performers) 중 이들이 전도 유망한 핵심인재(High Potentials)의 비율은 고작 30%에 지나지 않는다고 한다. 나머지 70%는 현재는 높은 성과를 창출하고 있으나 미래 성공에 있어서 핵심적인 역량을 결여하고 있는 경우가 많은데, 이들은 크게 세 가지 유형으로 구분 가능하다.

① 열의가 넘치는 몽상가들(Engaged Dreamers)

이 유형에 속한 사람들은 조직에 참여의지가 높으며 열의가 대단하나 보다 도전적인 역할을 수행하는 데 필요한 능력이 부족하다. 현재의 역량 수준이 높아 전체 고성과자들 중 7%에 지나지 않으나, 만약 상위 직책 수행을 위한 적절한 능력을 개발을 위해 조직이 이들에게 투자하지 않을 경우 이들 고성과자들이 승진하였을 때 기대했던 성과를 창출하지 못할 가능성이 높다.

② 열의가 부족한 스타들(Disengaged Stars)

놀랍게도 현 고성과자들 중 30% 이상이 해당 조직에 대한 충성심이나 몰입 수준이 매우 낮은 것으로 나타났다. 이들은 본인의 능력에 대한 경쟁력을 잘 알고 있고 외부에서 영입하려는 제안도 많기 때문에 현재의 조직에서 더 이상 자신이 원하는 것들을 제공하지 못할 경우 조직을 쉽사리 떠나버린다.

③ 엇갈린 스타들(Misaligned Stars)

이 부류는 현 고성과자들의 약 33%를 차지하는데, 이들은 능력과 조직몰입 수준은 높으나, 더 상위 직무 수행에 필요한 책임과 그에 수반되는 개인 생활의 희생을 받아들일 의지가 비교적 낮다. 이들은 일과 생활의 균형

(Work-Life Balance)을 매우 중시하는데, 이러한 부류들에 대해서 조직에서는 무조건 도전적인 직무를 부여하기보다는 이러한 개인 특성과 가치관에 근거한 경력개발계획 수립을 통해 이에 맞는 직무를 제공하고 목표를 설정하도록 하는 것이 대안일 수 있다.

(Corporate Banking), 리스크관리(Risk Management), 자금/운용(Treasury) 등의 핵심직무의 경우 미국과 영국, 홍콩, 싱가포르 등 전 세계 금융관련 우수 교육기관에서 프로그램을 이수할 수 있도록 집중 지원하고 있다.

선발인력들은 하나금융그룹에서 설계한 리더십파이프라인을 통해 전략적이고 체계적으로 육성된다. 초우량 기업들에서 조직 내부 인재육성방식으로 실행 중인 리더십파이프라인(Leadership Pipeline)은 해당 레벨에 적합한 리더십 특성이 존재하며, 이러한 리더 육성 과정이 일반사원에서 시작하여 최고경영자까지 이르기까지 긴밀히 연결되고 체계적으로 구성되어야 한다는 철학을 담고 있다. 하나금융그룹 역시 해당 직무와 책임 범위에 적합한 하나인으로의 성장과 발전을 위해 리더십파이프라인 방식을 적극 활용하고 있다.

하나리더십파이프라인은 총 5개 수준으로 구성되어 있으며, 총 3개의 변

〈그림 Ⅳ-17〉 하나리더십파이프라인과 단계별 요구 역할

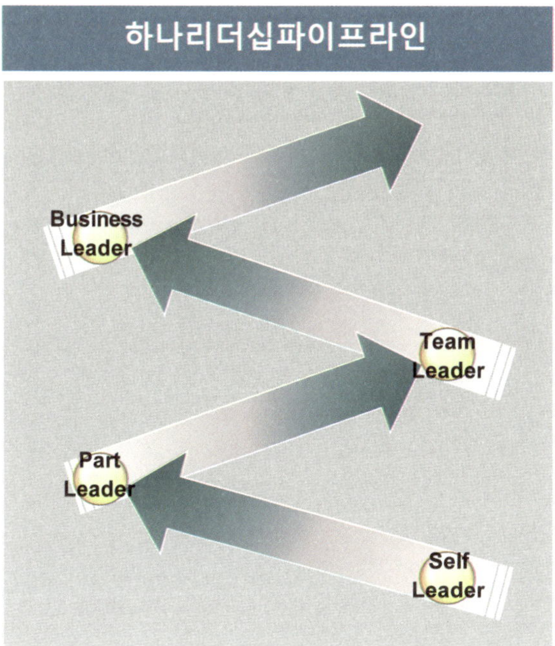

〈그림 Ⅳ-17〉 계속

리더십 단계	리더십 역할	역할 Key word
비즈니스 리더 (Business Leader)	회사 경영에 대한 주요 의사결정을 내리고 비즈니스 단위의 전체적인 경영활동의 수행을 총괄 관리하는 경영자의 역할 수행 • 기업의 비전을 제시하고, 구성원들을 설득하고 비전 실천에 참여시킴. • 주요 사업방향 및 전략적 의사결정과 경영 성과에 대한 총괄 관리 • 고성과를 달성할 수 있는 조직여건 조성과 변화/혁신에 대한 장려 및 지원	비전제시 전략적 의사결정 경영성과관리 효율적 조직운영 및 인재육성 변화와 혁신
팀 리더 (Team Leader)	일정 단위 조직을 이끌며 성과에 대한 책임과 권한을 가지고 현장 CEO 역할 수행 • 전략적 사고를 바탕으로 업무 목표 및 방침을 설정, 의사결정 및 관리 • 조직 내 신뢰를 구축하고 팀워크가 발휘되도록 관리 및 지원 • 직원들이 업무에 몰입할 수 있도록 동기부여하고 육성을 지원 • 직원들이 직면하는 고충을 파악하고 해결	목표설정 및 성과관리 신뢰구축 인재육성 및 동기부여
파트 리더 (Part Leader)	업무 경험과 전문성을 바탕으로 업무를 기획하고 후배 직원을 지도하며, 상사와 직원들 간의 커뮤니케이션 통로 역할 수행 • 자기 업무에 전문성을 갖고 스스로 업무를 기획하고 실행 • 부서장(지점장)과 사원 간 연결고리 역할로 조직 분위기를 원만하게 유지 • 부서장(지점장)을 보좌하고 성과 달성을 위해 주기적인 모니터링과 실행 • 후배 직원의 역량이 제고되도록 지도 및 부서의 효율성 제고를 위해 변화와 혁신 주도	업무실무 기획 및 실행 커뮤니케이션 (중간연결) 후배지도 및 멘토 창의적 변화주도
셀프 리더 (Self Leader)	개인 리더십 발휘의 주체이며 실무 업무를 담당 • 부서의 목표에 따라 업무에 책임감을 갖고 정확/신속/효율적으로 업무를 수행 • 회사의 가치, 문화를 체화하여 조직 적응력을 높이며 팀워크를 발휘하고 고객지향적 사고와 행동을 바탕으로 업무에 임함 • 지적인 호기심과 적극적 학습을 통해 전문성 향상에 몰입(자기계발)	능동적 업무수행 팀워크 발휘 고객지향 자기계발

곡점을 가진다. 여기서 '변곡점'은 해당 레벨에 필요한 역량과 요건 등이 급격히 변화하는 지점을 의미하는데, 예를 들어 사원 시절에는 본인의 직무 수행과 생활을 효과적으로 관리하면 충분하지만, 팀장 등이 되면 본인이 모든 실무를 처리하기보다 다른 사람들에게 업무 처리와 권한을 이양하고 이들의 경력성장에 관심을 두는 등 극히 세부적인 업무 수행보다는 전체적인 큰 그림(Big Picture)을 통해 팀원, 팀, 그리고 전체 조직의 이익을 연계하는 부분에 보다 중점을 두어야 한다. 이러한 측면에서 하나리더십파이프라인은 각 리더십 단계에 적합한 리더십 역할 및 키워드들을 담고 있는 체계적 리더십 육성 프로세스라 할 수 있다.

리더십파이프라인에 근거하여 핵심인재들은 일과 교육을 통해 육성된다. 먼저 일을 통한 육성은 직무순환(재배치)을 통해 다양한 업무를 경험하게 하고 도전적 업무 수행하도록 하거나 그러한 프로젝트에 투입시켜 역량 수준의 도약을 꾀한다. 또한 사내 역할 모델(Role Model)로서 주요 활동에 참여하기도 한다. 이들 과정에서 상사는 건설적인 코칭과 피드백을 통해 직원들이 보다 역량을 개발할 수 있도록 한다. 교육을 통한 육성에는 리더십연수와 직무연수, 글로벌 연수가 포함되며 전사 수준에서 이를 기획, 운영하며 각 사업부에서는 보다 현장감을 반영하여 교육훈련이 기획되고 원활히 운영될 수 있도록 기획 단계부터 실행 단계까지 핵심적으로 참여하게 된다.(그림 IV-7)

리더십파이프라인을 통해 하나인들은 '곁가지가 펼쳐진 T자형 인재'로 거듭 나게 된다. 즉, 부문별 채용을 통해 선발된 후 자신의 분야에서 직무 역량을 축적하면서 전문성을 기른 초급 리더들은 '전문성에 입각한 순환근무'를 통해 다양한 이력을 쌓게 된다. 즉, 주 경력분야 이외에 전략적 순환근무를 통해 보조경력분야를 개발하는 과정에서 폭넓은 업무 경험뿐 아니라 다양한 사람들과 함께 일하는 법을 체득하게 된다.

이는 직무게시(Job Posting)과 직무입찰(Job Bidding)을 연결하는 'Talent Market'을 통해서 이뤄진다. 전문성에 입각한 순환근무를 희망하는 직원들은 정기적인 자기신고를 통해서 희망하는 경력 분야와 경력개발 실적을 등록한다. 인력 충원이 필요한 부서의 부서장들은 직무요건(Job Requirement)

〈그림 Ⅳ-18〉 하나금융그룹의 T자형 인재

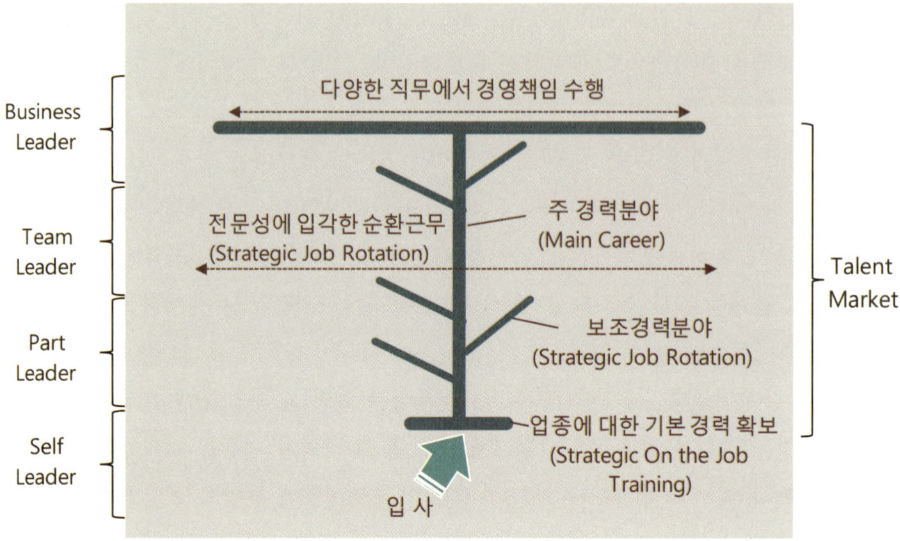

을 공지하고 적임자 후보를 선택하게 되며, 인사부서는 이러한 프로세스가 원활하게 진행되도록 실무를 지원하게 된다.

이 제도의 목적은 'Right Person for Right Job'의 원칙하에 직원들이 해당 직무에 적합한 최고의 전문가로 성장할 수 있도록 자기주도의 경력개발 환경을 제공함으로써 직원들의 직무 몰입도와 직장 만족도를 높이고, 장기적으로는 부문별 전문인력 풀의 육성을 통해 승계 계획(Succession Planning)을 완성하는 데에 그 의미가 있다. 이처럼 하나금융그룹의 인재들은 한 분야의 금융전문가로 육성됨과 동시에 'Talent Market'을 통해 관련 분야에 대한 지식과 경험을 축적하고 리더 레벨이 상승함에 따라 보다 다양한 직무에서 경영책임에 참가할 수 있는 기회를 갖게 된다.

리더십파이프라인

'인재전쟁'은 기업이 요구하는 인재의 수요와 공급 간 괴리로 인해 발생하게 되는데, 시장에서의 인재는 수요가 월등히 많고 공급이 절대적으로 부족할 수밖에 없기 때문에 기업은 필요한 인재를 내부적으로 양성할 유인(incentive)이 증가한다. 뿐만 아니라 내부 인재들은 이미 해당 조직 가치를 체화하고 있으며 조직 몰입도가 높으므로 적합한 수준의 역량 개발 기회를 제공한다면 더 나은 고용조건을 제시하면 이직할 유인이 큰 외부 인재들에 비해 조직에 더 큰 가치를 제공할 수 있다. 그런데 내부 인재 육성 시 가장 큰 실수 중 하나는 과거의 고성과자가 승진 등을 통해 상위 단계의 리더가 되었을 때도 여전히 유능할 것이라는 믿음이다. 그러나 월등한 성과를 내는 사원의 경우 직무 역량은 뛰어날지 모르나, 그 사원이 팀장이 되었을 때 여전히 높은 평가를 받을 것인가에 대해서는 자신할 수 없다. 이는 사원이었을 때는 직무 역량이 중요했지만, 상위 리더가 될수록 스스로 업무를 처리하는 것보다는 구성원들을 동기부여 시키고 팀 업무를 전반적으로 관리하는 역량이 보다 필요하기 때문에 필요 역량과 보유 역량 간 격차가 발생한다는 데서 기인한다. 이에 리더십 단계가 상승할수록 그에 적합한 리더십 개발을 돕고 이러한 리더십 양성 프로그램들이 체계적으로 연계될 수 있는 방안이 제시되기에 이른다.

소위 '리더십파이프라인(Leadership Pipeline)'이라 불리는 인재양성 방안은 인재개발 컨설턴트이자 강사인 월트 말러(Walt Mahler)에 의해 창안된 리더십 모델에 기초하여 발전된 개념이다. 월트는 '인재사관학교'로 유명한 GE를 비롯해 수많은 기업들의 인재개발프로그램을 고안하고 기획한 인물이다. 1970년대 초반 월트는 GE의 리더 승계프로그램의 핵심 모델을 만들게 되는데, 이 모델은 젊은 관리자들의 잠재력을 충분히 개발하여 미래 GE 성장의 핵심동인을 담당하도록 하는 데 초점을 두고 있다. 이 과정에서 월트는 뛰어

〈GE 리더십파이프라인과 요구 역량〉

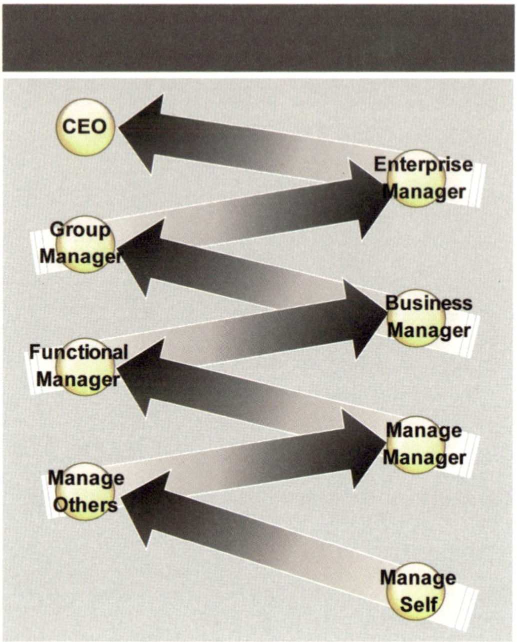

난 관리자는 리더십 단계가 높아질 때 과거의 성공을 가져온 역량에 머물러 있기보다는 해당 리더십에 적합한 지식과 기술을 습득하고 이를 개발시켜 나간다는 점을 발견하였다. 결국 월터는 가치의 변화야 말로 성공적인 리더십 전환의 핵심임을 깨닫고 이를 리더십 모델에 반영하여 리더십파이프라인 모델을 탄생시킨다.

이렇게 탄생한 리더십파이프라인은 '스스로의 관리자 → 타인의 관리자(초급 관리자) → 초급관리자의 관리자 → 영역전담 관리자 → 사업총괄 관리자 → 그룹 관리자 → 기업 관리자'로 총 6개의 리더십 수준 상 전환점 혹은 변곡점이 발생하게 되는 형태였다. 이 형태는 해당 조직의 크기나 직급체계 등에 따라 상이할 수 있다. 그럼에도 불구하고 ① 업무에 필요한 지식, ② 스킬과 역량, ③ 시간관리 능력, ④ 개인이 가진 사고 방식과 태도 등을 리더십에 필요한 공통적 요인으로 들 수 있다. 이러한 요건들은 리더십 수준에 따라

변곡점	역할 변화	특징 및 요구되는 능력
6	그룹 관리자 →기업 관리자	• 올바른 업무가치 확립 • 장기적인 비전 구축 • 장기적 전략이 분기별 활동과 조화를 이룰 수 있는 운용체계 확립 및 지휘 • 모든 사안들은 아래 단계의 관리자들에게 믿고 맡기고 전체적인 문제에 초점을 맞춤
5	사업총괄 관리자 → 그룹 관리자	• 전략적 자본 분배와 집행 • 사업총괄 관리자 양성 • 사업포트폴리오 구성 • 사업성공 핵심요소의 냉철한 분석(객관적 의사결정)
4	영업전담관리자 → 사업총괄관리자	• 계획과 제안들을 사업영역의 관점, 장기적 관점에서 평가하고 분석 • 미래의 목표와 현실적 욕구 사이에 균형 유지 • 시간관리 능력 개발 • 전략적 사고 및 의사결정
3	초급관리자의 관리자 → 영역전담 관리자	• 의사소통 능력 개발 • 전체의 한 부분으로 자기 영역을 이끌어 가는 능력과 장기적이며 폭넓은 사고 • 영업전략 능력
2	타인의 관리 → 초급관리자의 관리	• 단독 처리 실무 배제, 순수 관리 담당으로 변화 • 기업 경영층의 기초 • 회사 전략적 목표 고려 및 달성
1	스스로의 관리 → 타인의 관리	• 실무자에서 초급관리자로서의 역할 변화 인식 • 업무계획, 인력채용, 업무위임, 동기부여, 코칭, 부하의 성과 측정 • 효율적 시간관리

필요한 역량과 행동 방식이 차이가 있게 되는데, 다음 그림과 표에서 보듯이, 리더십파이프라인의 가장 대표적인 예라 할 수 있는 GE의 리더십파이프라인의 경우 리더십 단계와 단계별로 요구되는 역할 행동을 요약적으로 잘 제시해주고 있다.

〈리더십파이프라인 구축 프로세스〉

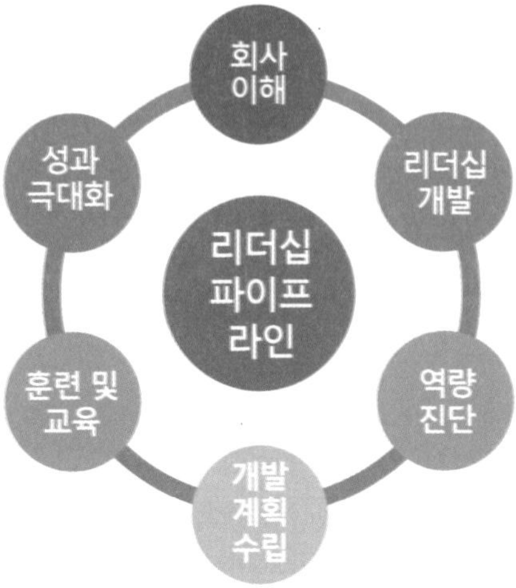

개별 회사별로 이러한 리더십파이프라인을 구축할 경우에는 대략 6가지의 프로세스를 거친다.

먼저 해당 회사가 추구하는 비전과 사명, 핵심가치와 조직문화에 대한 심도 깊은 이해가 필요한데, 이는 해당 조직에 최적화된 리더십파이프라인을 설계하는 데 가장 핵심이 되는 과정이자 출발점이라고 할 수 있다. 조직에 대한 고찰이 끝난 뒤 해당 기업의 체계에 적합한 리더십에서의 각 단계를 설정하고 각각의 단계에서 직무 역할과 책임을 성공적으로 완수하기 위해 필요한 핵심성공지표를 설정하고 이 지표들에 대한 상세 설명 내역을 구성해야 한다. 이때 상세 설명 내역은 지식, 기술과 역량, 시간관리 능력, 업무 가치로 구분하여 설정하는 것이 바람직하다. 이렇게 설정된 요구 역량들과 대비하여 개인의 역량 수준을 진단하고 평가하는 도구가 필요한데, 비즈니스 역량이나 업무 성취도를 평가하고 강 · 약점을 찾아내는 180도 평가와 10가지에서 20가지 정도의 리더십 요소들을 360도로 평가하는 방식을 사용할 수 있다. 이때 180도 평가는 자신과 상사가 평가자가 되며, 360도 평가는 말 그대로 자신과 상사, 동료와 부하, 그리고 고객까지 참여하여 다면적 측면에서 성과와 역량을 평가하는 방식이다. 이러한 진단을 통해 요구 수준과 보유 수준 간 차이를 파악하고 이러한 차이를 극복하는 방안을 역량개발계획을 통해 수립한다. 역량개발 계획 수립 시에는 구체적이고(Specific), 측정 가능하며(Measurable), 성취 가능하고(Attainable), 결과나 성과 도출이 가능해야 하며(Result-oriented) 일정 기간 내에 실행 가능한(Time-bound) 방식을 염두에 두고 설정하여야 한다. 본인이 작성한 역량개발계획은 상사와 지속적인 피드백 과정을 통해 지속적으로 보완하고 관리되어야 한다. 이렇게 설정된 계획들은 실제 리더십 교육 및 훈련을 받는 단계와 연계되는데, 이 시간은 단순히 교육을 받는다는 차원을 넘어 실제 업무에 이를 어떻게 녹여 활용할 것인가를 고민하는 기회가 되어야 한다. 마지막으로 일정 시간이 지난 뒤(보통 1년) 평가를 통해 역량 수준을 재진단하고 그 결과를 향후 역량개발계획에 반영하게 된다.

리더십파이프라인의 가장 상부에 위치한 최고경영자를 선발하기 위해 비즈니스 리더들을 집중적으로 육성하고 이들을 테스트하는 체계적인 과정을 '승계 계획(Succession Planning)'이라고 부른다. 즉, 승계 계획은 조직의 주요 직책(Key Position)의 승계와 핵심인력의 경력개발에 대한 효과적인 운영계획을 의미하며, 이는 직무 공백을 막고 조직운영의 효율성 제고를 위한 목적으로 마련되었다. 하나금융그룹에서는 회사 전략과 현재 및 미래 직무요건을 분석하여 핵심보직(주요 임원보직)을 설정하고 핵심보직에 요구되는 자격과 인재 특성을 정의한다. 이렇게 설정된 핵심 보직별 직무 요건과 개인 프로파일을 고려하여 후보자를 선발하고 '인재육성위원회'를 통해 검토한다. 이렇게 선정된 인력들이 부족할 경우 외부인재 채용을 검토하여 채용하며 이렇게 선정된 내·외부 인력들에 대한 육성계획을 수립하고 실행한다. 이러한 육성 방식에는 리더십·직무·글로벌 전문연수 과정이 포함되며 전략과제를 부여하여 수행하게 하거나 경력개발계획 프로그램에 맞는 적정 프로그램을 제공하여 이수하게 한다. 이러한 육성 실행 과정에서 그 결과들을 검토하여 후보자별 관리 및 방향성 설정에 참고하게 된다.

이러한 리더십 육성프로그램 중 대표적인 것이 바로 2006년부터 시행 중인 '전략리더십 과정'이다. 전략리더십과정의 목적은 그룹의 우선 육성대상자들에 대한 리더십 역량 개발과 자질을 검증하기 위함이다. 하나금융그룹의 전략리더십 과정은 단순히 며칠을 함께 숙박하며 일반적 과제를 발표하는 형식적인 자리가 아니다. 하나금융그룹의 '전략리더십 과정'은 그야말로 자신의 한계치까지 철저하게 고민하며 조직의 경영진들과 함께 하나금융그룹의 향방을 치열하게 토론하는 일종의 격전지다. 사업부문장이 추천한 우선육성대상자들은 2박 3일의 합숙기간 동안 내·외부 전문가의 강의에 참석하고 전략제안 토론회에서 발표할 지식들을 습득하게 된다. 이러한 합숙 기간 동안 'War Game' 형태의 과정이 포함되어 있어 단순히 강의를 듣는 자리가 아니라 보다 능동적인 자기주도적 학습을 하게 된다. 합숙 후 2~3주 뒤에 실시되는 전략 브리핑 시간에는 사전에 실무 자문단(부서장) 앞에서 개인이 마련한 전략의 현실성과 논리성을 검토받는 자리다. 이러한 전략 브리핑 시간을 통해 육성대상자들은 이전에 제안되지 않은 새로우면서도 실행 가능한 전략 안을 구상하도록 끊임없이 도전받는다. 이것이 과연 최선의 안인지를 치열하고 처절하게 검증하는 과정에서 전략 안의 아이디어는 보다 현실성 있고 혁신성을 가지게 된다. 이러한 전략 브리핑의 과정을 통과하고 나면 2~3주 후 전략제안 토론회가 시작된다.

전략제안 토론회는 해당 개인이 진정으로 하나금융그룹에 필요한 인재인가를 치열하게 검증받는 자리이다. 합숙 후 현업으로 복귀하여 약 한 달 동안 밤낮을 고민하며 준비한 집중액션러닝(Intensified Action Learning) 형태의 전략 안을 그룹회장을 비롯한 최고경영진(5명)과 다른 발표자들 앞에서 프리젠테이션하게 된다. 프리젠테이션이 끝나면 제안된 전략 안의 타당성과 실행 가능성 등에 대해 치열한 공방이 오고 간다. 다른 참가자들의 열정적인 토론 참여 여부 역시 철저하게 평가되므로 전략제안 토론회에서는 그야말로 치열한 공방전이 벌어지게 된다. 토론 과정에서는 비록 최고경영진들이 부정적 피드백을 할지라도 발표자는 철저한 사전준비를 바탕으로 본인의 전략 안을 충분히 피력해 내야 하는데, 이렇게 조직 내 위계를 떠나 조직의 미래 그 하나만을 생각하면서 서로의 의견을 치열하게 나눌 수 있다는 것, 그것은 다른 조직이 가지지 못한 하나금융그룹만의 문화적 토양이기 때문에 가능할 수 있다. 뿐만 아니라, 자신의 한계를 넘어 고민하고 토론하도록 하는(Challenging) 것은 그야말로 하나금융그룹의 자주, 자율, 진취라는 핵심가치가 기반이 되지 않고는 불가능한 것이라 할 수 있다. 맨 처음에서부터(Zero-Base) 인재를 다시금 객관화하여 철저하게 검증하는 엄청난 압박의 과정을 통해 비로소 우선육성대상자들은 조직의 핵심 포스트를 맡으며 하나금융그룹을 이끌게 된다.

이러한 '전략리더십 과정'과 더불어 하나금융그룹에서는 개인별 리더십 육성 환경을 조성하기 위해서 HLI(Hana Leadership Initiatives) 과정을 제공하고 있다. 사업부문장이 추천한 부실점팀장급의 우선육성대상자들은 온 · 오프라인 교육을 통해 하나리더십모델에 근거한 다양한 리더십 교육과정을 이수하게 된다. 2010년에는 리더십 역량 교육 및 개인별 리더십 평가를 시행하여

〈그림 Ⅳ-19〉 HLI(Hana Leadership Initiatives) 과정

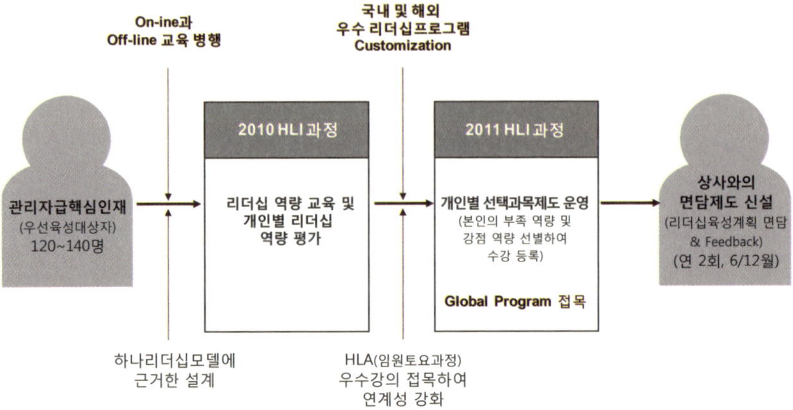

수준에 맞는 국내 및 해외 우수 리더십 프로그램을 이수하였으며, 임원급리더십과정들을 집중적으로 이수할 수 있는 HLA(Hana Leaders Academy) 토요과정의 우수강의와 접목하여 향후 임원과정 이수 시에도 무리 없이 안착하도록 연계성이 강한 프로그램을 제공하기도 하였다. 이를 통해 2011년에는 본인의 부족 역량 및 강점 역량을 선별하여 수강할 수 있는 개인별 선택과목제도를 운영하였으며, 글로벌 역량 향상을 위해 글로벌 프로그램 제공에도 중점을 두었다. 뿐만 아니라 교육 이수 과정 시 상사와의 정기적인 육성면담제도를 신설하기도 하였다.

이러한 강 · 약점 파악 및 역량 개발에 초점을 둔 HLI 과정은 바로 리더십 교육 과정에 어세스먼트 센터(Assessment Center) 개념을 접목한 것이다. 과정 참가자들은 전략 과제에 대한 프리젠테이션을 통해 조직의 비전과 내 · 외부환경에 적합한 전략을 수립하는 상황을 연습하고 전략적 사고 및 문제해결, 성과지향 역량을 진단받는다. 뿐만 아니라 리더가 없는 집단 토론(Leaderless Group Discussion)을 통해 인재 확보 및 육성에 관한 의사결정, 이해관계의 조정 및 문제해결 기준의 설정을 연습하고 토론 과정 상에서 나타난 문제해결 및 비전제시, 커뮤니케이션, 문제해결 역량을 평가받는다. 또한 임원의 역할 중 현장에서 발생하는 다양한 문제에 대해 우선순위를 정하

〈그림 Ⅳ-20〉 HLI과정 어세스먼트 센터(Assessment Center) 적용

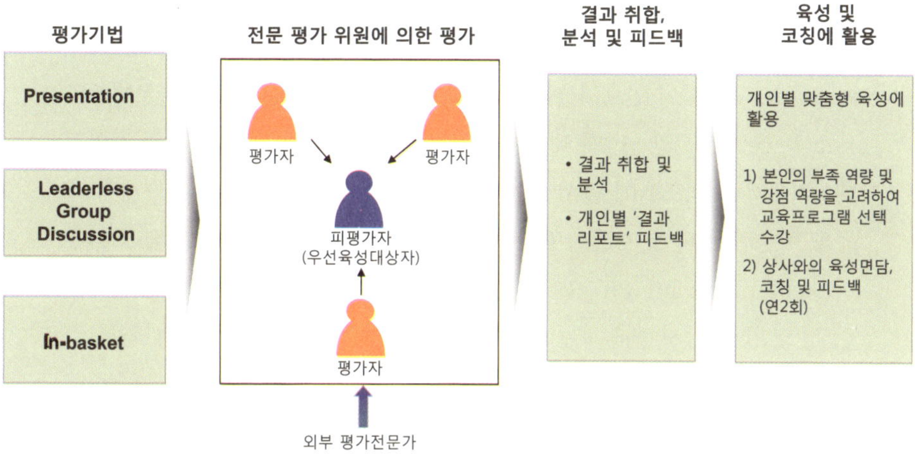

고 적시에 최선의 조치를 취하는 상황을 연습하고 이를 통해 변화선도 및 감성지능, 인재육성, 고객지향, 문제해결 등의 역량을 진단받는다. 이를 통해 과정 참가자들은 하나리더십 역량에 비추어 리더십 역량의 강점과 보완점을 객관적으로 진단받고 결과를 리포트 형태로 제공받게 된다. 역량 진단 결과를 바탕으로 개인별 리더십 역량 개발을 위한 다양한 교육과정을 선택하여 수강할 수 있으며, 전체적인 리더십 육성계획과 경력개발 과정 등에 대해 상사와 육성 관련 면담을 하고 피드백을 받게 되며, 이는 연 2회(6월, 12월) 제공된다.

또한 글로벌 리더 육성을 위해서 글로벌 교육프로그램들이 운영되고 있는데 경영진 육성을 위한 'HLA(Hana Leaders Academy) 글로벌 과정'과 '차세대 경영진 육성을 위한 국내 · 외 MBA 프로그램'이 있다.

경영진 육성을 위한 글로벌 프로그램의 경우, 임원급과 부실장팀장급 우선육성대상자들을 선발하여 'HLA글로벌 과정'을 이수하도록 하고 있다. 이 과정은 전략적 사고 능력 배양 및 글로벌 안목 증대를 위하여 하나금융그룹이 세계적인 경영대학원들과 함께 1년여 간의 과정기획 및 준비작업을 거쳐

운영하였다. 2008년에는 와튼 스쿨(Wharton School)과 2010년에는 또 다른 세계적 경영대학원인 인시아드(INSEAD)와 공동 운영하였다.

이 과정은 국내모듈과 해외모듈 그리고 액션러닝 프로젝트(Action Learning Project)로 구성되어 있으며 전략, 재무, 마케팅, 조직 및 리더십, 글로벌비즈니스 등 총 5개 트랙, 19개 세션이 운영된다. 인재육성위원회를 거쳐 선발된 대상자들은 해외모듈에 앞서 7월 한 달간 고려대 경영대학원에서 9개의 과목을 이수하게 되며, 이후 1명의 지도교수와 참가자 5~6명이 한 팀을 이루어 'Action Learning Project'를 3개월 동안 진행하게 된다. 8월에는 세계적인 경영대학원에서 해외모듈 10개 과목이 운영되는데 2008년에는 와튼 스쿨에서, 2010년에는 인시아드(INSEAD)에서 진행되었다. 해외모듈 진행 중에는 과목 수업뿐 아니라 UBS, DBS 등 선진금융기관들을 방문하여 베스트 프랙티스(Best Practice)를 공유하는 기회 역시 가지게 된다.

'Action Learning Project'는 팀마다 현업의 주요 전략과제와 연계된 과제를 부여받은 뒤 각 팀들은 국내모듈과 해외모듈, 벤치마킹(Benchmarking)을 통해 얻은 통찰(Insight)을 바탕으로 팀별로 지도교수와 수시로 미팅을 하면서 과제를 수행하게 된다. 이후 각 팀들은 그룹회장을 비롯한 최고경영진이 참석한 가운데 그동안 수행했던 과제의 최종 결과를 발표하는 자리를 갖게 된다. 이러한 글로벌 맞춤형 교육과 경험들을 통해 하나금융그룹의 우선육성대상자들은 세계와 경쟁할 수 있는 글로벌 마인드와 안목을 갖추게 되는 것이다.

차세대 경영진 육성을 위한 국내 · 외 MBA 프로그램 역시 국내 타 금융기관들과 비교하여 훨씬 많은 규모로 제공되고 있다. 연간 40여 명 이상에게 서울대학교, KAIST, 고려대학교 등의 국내 유명 대학뿐 아니라 미국의 미시간 대학교(University of Michigan), 서던캘리포니아 대학교(USC), 워싱턴 대학교(University of Washington), 중국유럽국제경영대학원(CEIBS), 싱가포르 난양공대, 중국 칭화대 등의 세계적 명문대학과 연계하여 1~2년간 정규 MBA 과정을 수학할 수 있는 기회를 제공한다. 또한 국내 유명 대학과 미국, 영국, 싱가포르에 있는 해외 유명 대학과 연계된 금융에 특화된 MBA과정들

〈그림 Ⅳ-21〉 HLA(Hana Leaders Academy) 글로벌 과정(2008년 당시)

대 상

- 그룹 임원 및 부실점팀장급 우선육성대상자

목 표

- 전략적 사고능력의 배양
- 글로벌 안목의 증대
- 글로벌 Best Practice에 대한 이해

과정구성

고려대 Module(국내)	Action Learning Project	Wharton School Module (미국)	Action Learning 전략제안발표
7월	7월~9월	8월	10월 중

- 고려대 경영대학원
- 미국 Wharton School
- 선진금융기관 Benchmarkiing

특 징

- 하나금융그룹과 고려대-Wharton School 맞춤식 협력과정
- Action Learning운영
  - 실제 현업의 과제를 선택하여 5~6명이 한 팀으로 두 달 정도 지도교수(고려대)의 지도하에 해결방안 도출
- 전 과정 Case Study 및 Discussion 위주로 운영
- Case 및 학습자료는 모두 영문으로 제공

을 통해서 이중 학위(Dual Degrees)를 취득할 수 있도록 지원하고 있다.

이처럼 하나금융그룹은 MBA 과정을 다양하게 제공함으로써 우선육성대상자들이 금융과 경영의 접목을 통해 미래의 금융 리더로 성장하도록 체계적으로 지원하고 있다.

인재사관학교, GE

'인재사관학교'라 불리는 GE는 개인 경력이나 직급에 따라 다양한 인재 양성 프로그램을 운영 중인데, 전체 직원은 5단계로 구분되어 체계적으로 육성된다. 1단계는 신입사원을 포함한 2년 차 이하의 직원들로 구성된 신규 리더(Emerging Leader)이며, 2단계는 초급 리더(New Leader), 3단계는 중급 리더(Developing Leader), 4단계는 고급 리더(Advanced Leader), 5단계는 임원(Executive Leader)에 해당한다. 이들 리더들은 GE가 설정한 미래 리더 보유 역량인 '4E+V'를 함양하기 위한 교육을 제공받게 되는데, 여기서 '4E+V'란 자신이 에너지로 충만하며(Energy), 상대에게 활력과 동기를 부여할 수 있으며(Energize), 정보가 부족하거나 어려운 상황에서도 과감한 결단을 내릴 수 있는 판단력을 겸비하고(Edge) 즉시 실행할 수 있는(Executive) 사람으로

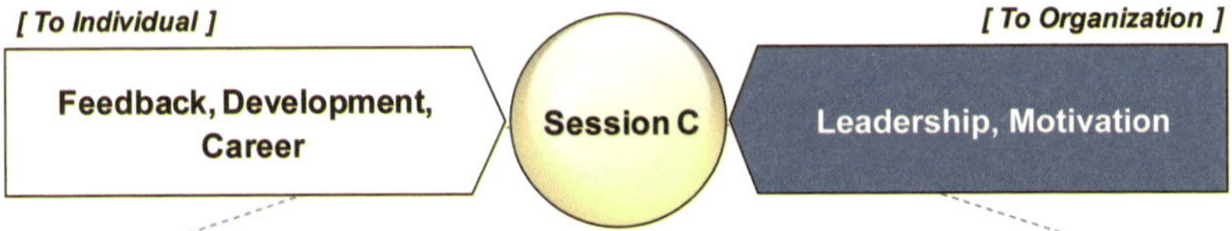

- Session C는 회사와 개인 모두를 위한 제도이다.
  - GE 리더들이 Session 프로세스를 주관하면서, 그들 자신과 부하 직원들의 개발에 전념한다.
  - Session C에서 리더들은 핵심인재 개개인의 성과, 강점/개발필요점, 경력에 대해 논의한다.
  - 또한, 조직차원의 구조 및 핵심 Post의 승계 계획에 대해 논의한다.
- Session C가 GE 문화를 창조한다.
  - 모든 회의 및 Interaction 과정에서 '비공식 평가'가 이루어진다.
  - 리더가 기본 방향을 정하면, 듣고 피드백하는 것이 개인적 역량을 쌓고 기업 문화를 구축하는 핵심이다.

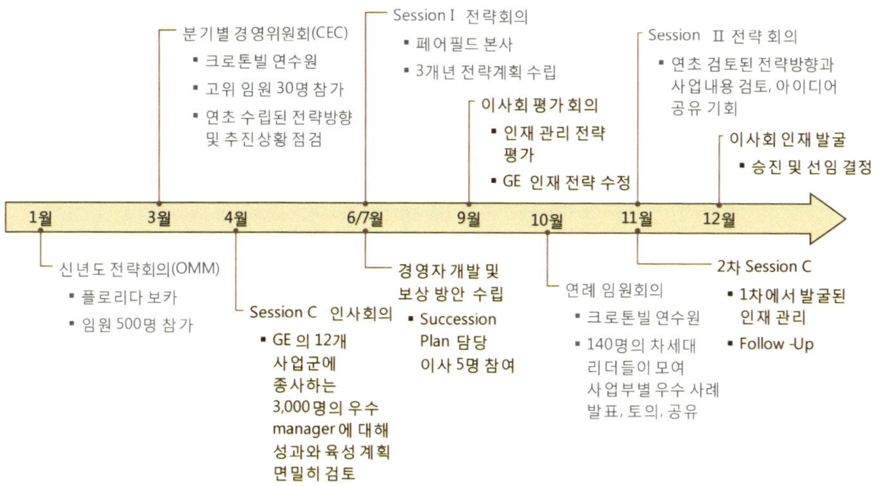

서 미래에 대한 분명한 비전(Vision)을 갖고 있는 상태를 의미한다. 이러한 '4E+V'는 채용 및 평가 등 전 분야에서 가장 중요한 판단 기준으로 활용되는데, 이는 '세션 C'라는 검토 및 피드백 세션을 통해 구체화된다. 세션 C는 직원들에 대한 공정하고 투명한 평가를 실시하기 위해 고안되었는데, 연중 진행되는 세션 C를 통해 핵심인재들은 실천적이고 맞춤식 교육을 제공받는다.

이러한 세션 C는 전 사업부에서 연중 진행되는데, 1월에 실시되는 신년도 전략회의를 시작으로 분기별 경영위원회와 이사회 평가회의 등을 거쳐 적정 인재를 발굴하고 핵심인재들의 승진 및 선임 여부 등을 결정한다.

핵심인재 관련 10가지 성공요인과 6가지 착각

1. 세 가지 측면 — 능력(Ability), 참여(Engagement), 열의(Aspiration) — 에서 후보자들을 명확히 평가하라.

   (Explicitly test candidates in three dimensions: ability, engagement, and aspiration.)

2. 성장 가능한 직원들을 선정할 때 현재 성과 수준에 지나치게 치중하기보다는 전사 수준의 성장 계획 측면에서 필요한 미래 역량을 보다 염두에 두라.

   (Emphasize future competencies needed derived from corporate-level growth plans more heavily than current performance when you're choosing employees for development.)

3. 희소한 성장 자산의 포트폴리오처럼, 전사적 수준에서 촉망되는 인재들의 수와 질을 파악하고 관리하라.

   (Manage the quantity and quality of high potentials at the corporate level, as a portfolio of scarce growth assets.)

4. 기계적인 부서 혹은 사업부 순환에 대해서는 잊어버리고 젊은 리더들이 성장 기회와 도전이 충만한 직무를 경험하게 하라.

   (Forget rote functional or business-unit rotations; place young leaders in intense assignments with precisely described development challenges.)

5. 가장 위험하고 제일 도전적인 자리를 명확히 규정하고 전도유망한 인재들을 과감히 그러한 자리에 오르게 하라.

   (Identify the riskiest, most challenging positions across the company, and assign them directly to rising stars.)

6. 일반적으로 통용되는 역량 모델 대신 해당 조직의 성장 계획과 개인 목표를 연계시켜 개인별 경력개발 계획을 세워라.

   (Create individual development plans; link personal objectives to the company's plans for growth, rather than to generic competency models.)

7. 능력과 참여, 그리고 열의의 변화 수준을 감안하여 매년 핵심인재를 재평가하라.

   (Re-evaluate top talent annually for possible changes in ability, engagement, and aspiration levels.)

8. 고성과자에게 월등히 차별화된 보상과 인정을 제공하라.

   (Offer significantly differentiated compensation and recognition to star employees.)

9. 고성과자들의 성장과 만족도를 모니터링하기 위해 핵심인재와 프로그램 관리자 간 정기적이고 허심탄회한 대화의 창구를 개설하고 이를 지속시켜라.

   (Hold regular, open dialogues between high potentials and program mangers, to monitor star employees' development and satisfaction.)

10. 회사의 전략을 일방적으로 전달하는 대신 어떻게 미래 리더들 자신들의 성장과 조직의 목표가 부합될 수 있는지에 대한 맞춤화된 메시지로 소통하라.

    (Replace broadcast communications about the company's strategy with individualized messages for emerging leaders–with an emphasis on how their development fits into the company's plans.)

핵심인재관리(Talent Management)에 있어 흔히 중역들이 잘못된 전제를 가지고 막대한 투자를 하였으나, 기대하는 성과를 창출하지 못하거나 해당 인재가 이직해버리는 상황이 발생하는 경우가 자주 발생한다. 기업이사회 리더십협회의 이사인 마틴(J. Martin)과 슈미트(C. Schmidt)는 2010년 『하버드 비즈니스 리뷰』를 통해 기업이 흔히 범하기 쉬운 핵심인재관리에 대한 6가지 착각 혹은 실수들을 지적하고 있다. 이들이 밝힌 6가지 착각들은 다음과 같다.

✓ 착각1 : 핵심인재들은 당연히 업무수행에 있어 열광적으로 몰입할 거라고 여기는 것(Mistake1: Assuming that High Potentials are Highly Engaged)

그렇지만 100개 이상의 조직 2만 명 이상을 대상으로 실시한 설문조사 결과, 핵심인재 중 4명 중 1명은 1년 내 회사를 떠날 계획을 갖고 있었으며 3명 중 1명은 업무 수행 시 최선의 노력을 기울이지는 않으며 5명 중 1명은 조직이 자신에 대해 계획하고 있는 것들과는 판이하게 다른 개인적 열망을 갖고 있었다.

✓ 착각2 : 현재의 고성과자가 미래에도 유능할 것이라고 동일시하는 것 (Mistake2: Equating Current High Performance with Future Potential)

흔히 사람들은 현재의 고성과자가 미래에도 여전히 높은 성과를 창출하리라 기대한다. 그러나 현재의 고성과자가 미래에도 그러한 성과를 낼 것이라고 확실히 말하기는 어렵다. 그렇다고 지금 저성과자가 갑자기 미래의 고성과자가 된다는 것은 아니다. 단지 조사 대상의 70%가 미래 역할의 성공적 수행에 있어 핵심적인 속성들을 갖추지 못한 것으로 나타난 점은 현재의 고성과자들이 미래에도 그러한 성과를 창출하기 위해서는 이들이 향후 수행할 미래 역량 개발에 대한 대대적 투자와 지원이 전제되어야 한다는 사실을 보여준다. 이때 단순히 업무 수행을 위한 능력(Ability)뿐 아니라 참여의지(Engagement)와 열의(Aspiration) 측면에서의 개발 역시 중요하다. 흔히 핵심인재 선정 시 주되게 고려하지만, 지속적으로 해당 조직의 목표 및 전략 달성과 함께 본인의 경력개발과 미래 설계 역시 연계되어 계속 그 기업에 몸담고 싶은지를 파악하는 것도 애써 투자한 인재를 다른 기업에게 쉽사리 내어주지 않기 위해 명심해야 할 점이다. 열의 역시 그 수준이 변동 가능하므로 지속적으로 주시해야 하는데, 열의를 불러일으키기 위해서는 회사의 성과를 개인의 성취와 연계하여 보상해주는 것이 바람직하다. 조직에서는 이러한 세 가지 측면에서 현재 수준뿐 아니라 미래에도 높은 수준을 낼 수 있는 인재를 선별하거나 인재로 키우기 위해 투자하는 안목과 기량이 요구된다.

기업 리더십 협의회(Corporate Leadership Council)의 www.Executive-board.com/human-capital/CLC-highpotential.html. 사이트에서 제공하는 축약 버전을 사용하여 이를 검증해볼 수도 있다.

✓ 착각3 : 핵심인재관리를 하부로 이양하는 것

(Mistake3: Delegating Down the Management of Top Talent)

권한 이양(Empowerment)이 활성화되면서 많은 기업들에서 핵심인재관리 역시 핵심인재가 누구인지를 잘 알고 있으며 그들의 강점과 약점을 구체적으로 파악할 수 있는 일선 관리자(Line Manager)에게 일임하고 있다. 그러나 핵심인재들은 해당 조직의 장기적인 자산이므로 전사적 수준에서 이들을 관리하고 성장시킬 필요가 있다. 즉, 일선 관리자들에게 누가 핵심인재인지를 추천받고 일선 관리자들이 이들의 성장을 도울 수 있도록 지원할 수 있으나, 이러한 업무는 전사적 수준에서 합리적으로 기획되고 체계적으로 관리되어야 한다는 것이다.

✓ 착각4: 유망주를 조기 탈락에서 보호하라.

(Mistake4: Shielding Rising Stars from Early Derailment)

핵심인재프로그램에서의 주요 이슈 중 하나는 현재 핵심인재 풀에 속해 있지만 다음 번에 저성과자들이나 역량 미달자들의 '탈락'에 관련된 것이라 할 수 있다. 많은 회사에서 1년 혹은 2년간 평가 결과로 핵심인재 탈락 및 유지 여부를 결정한다. 핵심인재로 포함되었다가 탈락한 사람들은 동기가 저하되고 새롭게 포함된 사람들 역시 언제 탈락할지 모른다는 극도의 스트레스를 받을 수 있으므로 단순히 단기 성과 자체로 탈락 여부를 결정하기보다는 어떠한 요인에 의해서 성과 저하가 발생했는지에 대한 면담 등을 통한 원인을 면밀히 파악함으로써 유망주를 쉽사리 내치는 우를 범하지 않아야 한다.

✓ 착각5: 핵심인재들에게 고통을 공유하고자 기대하는 것

(Mistake5: Expecting Star employees to Share the Pain)

흔히 불황일 때나 조직의 성과가 나쁠 경우 고통 분담 차원에서 직원 전체로 임금을 삭감하기도 한다. 그런데 전 구성원이 운명 공동체로서 고통을 분담하는 것은 어느 조직에는 바람직하나 또 다른 조직에서는 이것이 핵심인재들의 이탈이나 사기저하로 이어질 수 있음을 알아야 한다. 본 사례에서 조사한 핵심인재들은 조직이 어려울 때 평소보다 약 20% 이상의 시간을 업무에 더 투자하는 것으로 나타났다. 이때 투입 노력은 상승하였는데 임금마저 삭감될 경우 공정성 측면에서 이들은 오히려 불만족을 강하게 느낄 수 있기 때문에 단순히 고통을 공유하자고 통보하는 것은 이들의 불만과 이탈만을 높일 수 있다.

✓ 착각6: 핵심인재와 기업 전략을 연계하는 데 실패하는 것

(Mistake6: Falling to Link Your Stars to Your Corporate Strategy)

본 사례에서 조사한 인재들은 그들의 리더들과 기업의 전략적 역량에 대한 믿음을 조직에 대한 지속적인 참여 의지(Engagement)를 결정하는 데 가장 핵심 요소라고 응답하였다. 조직은 그들의 전략에 대해 직원들에게 직 · 간접적인 신호를 보내는데, 이때 조직이 목표하는 바를 현실화하는 과정에서 핵심인재들이 어떠한 역할을 하며 같이 어떻게 성장해 나갈 수 있는지를 적절히 연계하여 제시하지 못하는 경우 핵심인재를 강조하는 목소리는 그야말로 당연한 말의 허황된 메아리에 지나지 않을 수 있다.

최고인사책임자(CHRO) 인터뷰(하나금융지주 임영호 상무)

Q : 하나금융그룹에서는 소위 스펙이 좋은 인재(Good People)보다 조직에 적합한 인재(Right People)를 찾는다고 알고 있습니다. 여기서 'Right People'이 의미하는 바는 무엇입니까?

하나금융그룹의 창업정신인 자주, 자율, 진취, 그리고 금융인의 기본인 'Integrity'를 겸비하고 있으며 한계 없는 상상력을 바탕으로 유연한 사고를 할 수 있는 사람입니다. 다른 국내 금융기관과는 달리 자주적이고 자율적인 배경에서 태동하였고 또 성장하였기 때문에 이러한 조직의 역사성은 인재 확보 시에도 철저히 반영되어 있습니다. 또한 고객의 금전적인 부분을 다루는 금융업의 본질 상 고도의 도덕성을 갖추는 것은 금융인이라면 가장 기본이라고 할 수 있겠습니다. 마지막으로 고착되지 않은 유연한 사고는 하나금융그룹이 글로벌 탑 50으로 도약하기 위해서, 그리고 고객에게 보다 완전한 서비스를 제공하기 위해서 누구와도 일할 수 있으며 보다 획기적인 아이디어를 낼 수 있는 기본 전제라고 생각합니다.

제가 '하나빌(하나인재개발원/ 하나리더십센터를 의미)' 원장으로 있을 때 당시 하나은행장이셨던 김승유 현 회장께 하나인의 정신적인 DNA가 무엇인지를 여쭤본 적이 있습니다. 그때 회장님께서는 '오기(근성)'와 'Integrity'를 말씀하시더군요. 여기서 '오기'는 안 되는 걸 억지로 떼 쓴다는 사전적 의미가 아니라, 한 번 하고자 하는 일은 반드시 해내며 맡은 일에 대해서는 프로의식을 갖고 매진하려는 마음가짐을 뜻합니다. 하나금융그룹에서는 자신이 맡은 일을 자주적이고 진취적으로 해나가는 것을 강조하고 있기 때문에 이러한 자율성을 바탕으로 재량권을 갖고 일하되 그 일에 대해서는 프로로서 책임을 져야 한다고 봅니다. 이런 점에서 '오기(근성)'는 창업정신과도 맞닿아 있다고 볼 수 있습니다. 'Integrity'는 고도의 도덕성이라고 말할 수 있는데, 하나금융그룹에서는 이를 금융인의 책무로 철저하게 지키고자 하고 있습니다. 합병 후 다른 조직에서 오신 분들이 놀랐던 부분도 시중에서 유야무야 넘어 갔던 사항들에 대해서도 하나금융에서는 철저히 규정화하여 원칙을 지키려는 고도의 도덕성에 관련된 철학이라고 하더군요. 저희는 직원이 이러한 원칙을 지키는 과정에서 혹시 조직에 손해가 발생하더라도 문제 삼지 않으나, 개인의 욕심으로 설사 회사에 도움을 준다고 해도 하나인으로서의 자격을 박탈하는 것이 옳고 이러한 부분이 1997년의 외환위기나 이후 각종 경제위기 속에서도 30여 년이 넘게 흑자경영과 수익 배당을 지속할 수 있었던 힘이라고 생각합니다.

Q : 많은 조직에서 인재육성을 외치고 실제 관련 프로그램들을 실행하고 있습니다. 그렇다면 'Right People'을 선발한 후, 이들의 육성에 있어 다른 조직과 차별화되는 하나금융그룹만의 특징을 꼽는다면 무엇이 있을까요?

인재육성제도나 시스템에 있어서는 다른 기업들과 큰 차이가 없을지도 모릅니다. 그러나 앞서 말씀 드린 하나금융그룹만의 핵심가치들이 어떻게 투영되어 있느냐 하는 데 차이가 있다고 봅니다. 대부분의 조직들이 핵심인재를 선발하고 이들에게 교육의 기회를 제공합니다만, 하나금융에서는 조직문화에 맞게 핵심인재 육성 시에도 자주와 자율을 강조합니다. 이에 핵심인재 육성 관련 프로그램 초대장을 대상자에게 보내면 해당 핵심인재들은 그 과정에 참여할지에 대해 결정할 수 있는 기회를 갖게 됩니다. 자신이 참여를 결정한 사람과 핵심인재로 선발되었다고 무조건 프로그램에 참여해야 하는 사람 간에는 적극성 정도와 교육 효과 수준에 있어서 큰 차이가 있을 것임은 자명하기 때문입니다.

이러한 핵심인재프로그램 참여 여부에 대한 개인의 결정뿐 아니라 제공하는 프로그램 자체에도 하나인의 정신이 스며들 수 있게끔 모든 프로그램을 '하나化'하는 작업을 하고 있습니다. 즉, 모든 교육 프로그램에서 '우리 하나금융에 맞는 사례가 무엇일까?' '우리 하나금융에 최적화된 솔루션은 무엇일까?'에 대해 고민하며 수정하는 과정을 거치는데, 비록 노력과 비용은 많이 들지만 이러한 작업을 통해 교육 과정 그 자체가 직원들이 조직문화와 정신을 체화하는 최적의 방안으로 생각하기 때문에 이를 계속적으로 시행 중에 있습니다. 이러한 부분들이 다른 조직과 비교해서 특별히 차별화되는 하나금융그룹만의 인재육성법이라고 생각합니다.

Q : 인재육성방안과 관련해서 리더십파이프라인이나 승계 계획 등에 있어 GE를 역할모델(Role Model)로 삼고 있다는 생각이 들었는데, 많은 초우량 기업들 중 GE를 특별히 역할 모델(Role Model)로 선택한 이유가 궁금합니다.

흔히 리더십이나 인재육성법을 논할 때 GE 전 회장 잭 웰치와 월마트(Walmart)의 전 회장 샘 월튼을 많이 비교하곤 합니다. 만약 하나금융그룹이 동질성을 가지고 가족 같은 문화를 가진 조직이었다면 인간(Humanity) 중심의 샘 월튼 방식의 활용을 고려했을 겁니다. 그런데 하나금융의 경우 대규모 인수합병을 통해 다양한 출신의 구성원들이 함께 일하게 되어 이질성이 높아졌고 이들을 객관적으로 평가하고 효과적으로 동기부여하기 위해서는 '성과'가 상대적으로 가장 공명정대한 판단 기준이었습니다. 성과 이외에 다른 요소를 고려할 경우 배경이나 출신 등이 강하게 개입되어 개인이나 조직 모두에게 장기적으로 바람직하지 않게 되므로 성과 중심으로 인재를 선발하고 평가하는 GE식 모델이 적합하다고 판단하였습니다. 이에 2006년 처음으로 '전략 리더십 프로그램'을 실시하였는데, 이때 전략 리더십 프로그램에서는 핵심인재들이 그룹 최고경영자들 앞에서 향후 전략 방향성을 프리젠테이션하고 이에 대해 집중적으로 토론하는 방식이었습니다. 이러한 방식은 평소 자주, 자율, 진취를 강조하며 성과를 지향하는 하나인의 정신과 조직 문화 등과 가장 적합성이 높아 이를 역할 모델(Role Model)로 삼게 되었습니다. 그러나 이 과정에서 GE의 제도와 시스템을 '하나化'하는 작업 역시 병행하였는데, 리더십파이프라인을 하나금융에 맞게 변용한 것 등이 대표적인 예라고 할 수 있겠습니다. 이처럼 초우량 기업들의 베스트 프랙티스(Best Practice)를 단순히 가져오는 데서 그치는 것이 아니라 이를 우리 조직에 맞게 변화시키려는 고민과 노력이야말로 하나금융그룹의 인재관리 전략의 토대라 할 수 있습니다.

Q : 핵심인재로 선발되어 육성되는 기회를 갖는다는 것에 대해 한편으로는 자랑스럽지만 또 한편으로는 도전적인 업무를 수행해야 한다는 점에서 부담스럽기도 하고 업무량이 늘어나기도 하여 요즘 화두가 되고 있는 '일과 삶의 균형(Work-Life Balance)'과 충돌이 있을 수도 있을 것 같습니다. 이에 대해 직원들에게 어떤 점을 강조하십니까?

요즘 강조되는 '일과 삶 간 균형'은 단지 일과 삶이 상충된다는 상호배타적 개념이 아니라 내 삶을 기본적으로 긍정적으로 살고자 하는 태도이자 방식으로 정의할 수 있을 것 같습니다. 이러한 맥락에서 저희 하나금융그룹에서는 특이하게도 애사심(愛社心)보다는 애직심(愛職心)을 늘 강조합니다. 그래서 저 역시 신입사원들에게 항상 '너 자신을 위해 일하라'고 당부합니다. 오늘날 직장인들은 하루의 최소 1/3 이상을 회사에서 일을 하며 보냅니다. 이 시간 동안 자신과 자신의 가족을 위해 열심히 일하고 이를 통해 맡은 업무에 있어 전문가가 되어 이 사회에서 당당하게 살아간다면 일을 한다는 것은 곧 내 삶을 가치 있게 사는 것과 같게 됩니다. 물론 저희 회사에서도 이를 위해 재택근무 허용이나 '가정의 날' 준수 등을 실시하고 있습니다만, 일과 삶의 균형에서 가장 중요한 것은 일과 삶에 대해 자신이 어떠한 시각을 갖고 있느냐 하는 것이 핵심이며 저 역시 이런 점을 직원들에게 늘 강조하고 있습니다.

최고인사책임자(CHRO) 및 인사부서와 조직 성과

국내에서도 인적자원가치의 중요성이 강조되면서 기업들이 최고인사책임자(Chief Human Resource Officer: CHRO)를 선임하고 인사전략 전담 부서를 설립하는 등 인적자원의 확보와 개발에 대한 관심이 증대되고 있다. 최고인사책임자를 두고 있는 국내 대기업이 증가하고 있으며, 전통적 인사부서의 기능이었던 임금 계산 등의 단순 운영적 활동은 아웃소싱을 통해 이전되고 인사부서는 인적자원가치 개발이나 전략적 수요 예측 및 대응 등의 전략적 활동에 보다 참여하고 있다. 이러한 최고인사책임자의 존재와 인사부서의 전략적 참여는 조직의 성과 향상에 도움이 되는 것으로 나타나고 있는데(Hailey, Farndale & Truss, 2005), 특히 조직이 효율 지향 전략을 사용할 때보다는 혁신 전략 실행 시 효과적인 것으로 나타났다(Wright, McMahan, McCormick & Sherman, 1998). 특히 이 과정에서 인사부서 및 최고인사책임자에 대한 최고경영자의 인식 및 조직적 지원은 인사부서 및 최고인사책임자의 정치적 영향력을 확대시켜 조직 성과를 향상시키는 것으로 나타났다(Sheehan, Cooper, Holland & Cieri, 2007). 이러한 인사중역 및 인사부서의 역할 및 기능은 상장을 앞둔 신생 조직에서 역시 매우 중요한데, 인사 중역의 존재와 실행 중인 인사시스템의 유형은 투자자들에게 회사가 인적자원을 중시 여기고 있다는 신호를 보냄으로써 해당 조직에 대한 인식된 가치를 높여 조직이 장기적으로 생존하는 데 기여하는 것으로 나타났다(Welbourne & Andrews, 1996; Welbourne & Cyr, 1999).

국내의 경우 상장기업 286개사를 대상으로 설문한 자료를 분석한 결과, 인사부문이 전략적으로 기업의 의사결정에 참여하는 정도가 높은 경우 전략기획 및 조직 담당자가 인식하는 인사관리의 효율성이 높은 것으로 나타났으며, 인사담당 중역의 존재는 인사관리의 효과성에 직접적인 영향을 미치지는 않았으나 고몰입형 인사시스템(High-Involvement HR System)의 활용도를 높이는 것으로 나타났다(김재원 · 김성수 · 류성민, 2004). 특히 588개 사를 대상으로 분석한 연구에서는 환경의 불확실성이 높은 경우 인사부문의 전략적 의사결정 참여 정도가 높았는데, 비록 인사부문의 전략적 의사결정 참여가 기업성과에 직접적인 영향을 주지는 않았으나 몰입형 인사시스템 활용도를 높이고 인사관리 효과성을 제고하여 간접적으로 조직 성과 창출에 기여하는 것으로 나타났다(류성민 · 김성수, 2007). 이러한 연구 결과들은 중국에 진출한 한국 기업 130개를 분석한 결과와도 일치하는데, 인사부서가 전략적으로 참여할수록 몰입형 인사시스템의 활용을 높여 기업 성과에 긍정적 영향을 미치는 것으로 나타났다(이용진 · 김성수, 2010).

인적자원가치, 어떻게 측정할까

기업의 지속 가능한 경쟁우위 창출을 위한 원동력으로 인적자원의 가치가 중요해지고 있으나, 그럼에도 인적자원에 대한 측정은 주로 통제해야 할 비용 발생 요인으로 간주하고 이를 최소화하는 방향으로만 이루어져 왔다. 특히나 인적자원의 중요성에 대해서는 거의 모든 관리자와 리더들, 최고경영자들이 공감하지만, 비가시적이고 측정이 어렵다는 인적자원 자체의 속성으로 인해 '투자한 비용을 회수할 수 있나?' 혹은 '대의적 수준에서는 공감하지만 정말로 효과가 있을까?' 등의 회의적 시각 역시 공존함에 따라 불황기나 사업 확장 등 예산 제약에 대한 압박이 강해질 때는 인적자원에 대한 투자는 후 순위로 밀리기 마련이다. 이에 대한 주된 이유는 인적자원 가치에 대한 비용 중심적 접근과 측정의 어려움 때문이다. 그러나 인적자원에 의한 가치 창출 비중이 월등히 높아지고 있는 시점에서 단순 비용 중심의 개념에서 벗어나 인적자원을 통해 얻을 수 있는 가치와 어떻게 투자하여야 그러한 가치를 최대화할 수 있는지, 그리고 이를 어떻게 제대로 측정할 것인지에 대한 발상의 전환과 방법에 대한 고민이 필요하다.

이에 인적자원의 가치를 합리적이고 체계적으로 측정하고자 하는 노력들이 이루어져 왔는데, 그중 대표적인 지표는 사라토가 연구소(Saratoga Institute)에서 제시한 것들을 들 수 있다. 먼저 인적 자본 수익성 지표(Human Capital Revenue Factor: HCRF)는 기업이 중점적으로 달성하고자 하는 수익을 총 직원 수로 나눈 것이다. 이때 총 직원 수는 전일 근로자(Full-Time Employee)뿐 아니라 시간제 근로자(Part-Timer) 수를 정 직원 수로 환산한 것으로, 이는 정 직원과 시간제 근로자 수를 전반적으로 고려하여 직원 1인당 창출한 기업 수익을 계산한 것이라고 볼 수 있다. 인적 자본 경제적 부가가치(Human Economic Value Added: HEVA)는 경제적 부가가치를 총 직원 수로 나눈 것인데, 이는 재무제표상 보고된 세후 영업이익에서 총 자본 비용을 차

〈인적자원 가치 측정 지표 예〉

지표	산식	의미
인적 자본 수익성 지표(HCRF)	수익 / FTE*	종업원 단위당 생산성
인적 자본 경제적 부가가치 지표(HEVA)	EVA / FTE	종업원 단위당 실제 기업 이익
인적 자본 비용 지표(HCCF)	급여+복리후생비+임시직 급여액+결근지불임금+이직으로 인한 추가 발생 비용	인적자원에 대한 투자 금액
인적 자본 부가가치 지표(HCVA)	수익-{비용-(급여+복리후생비)} / FTE	종업원 당위당 부가가치
인적 자본 투자 수익률 지표(HCROI)	수익-{비용-(급여+복리후생비)} / 급여+복리후생비	투자금액 단위당 부가가치
인적 자본 시장 가치 지표(HCMV)	시장가치-장부가치 / FTE	종업원 단위당 지적 자산 크기

* FTE(Full-time Employees): 전일(Full-time) 근로자 수+시간제(Part-time) 근로자를 전일 근로자로 환산한 수

감한 경제적 부가가치(EVA)를 총 직원 수로 나눈 값이다. 다음으로 인적 자본 비용(Human Capital Cost Factor: HCCF)은 해당 조직이 인적자원에 투자한 금액의 총합인데, 기존 인건비 계산과는 달리 이 지표는 급여뿐 아니라 복리후생비, 임시직 근로자에게 지급한 급여, 결근 시에도 지불한 급여, 이직으로 인해 추가 발생한 비용 등을 모두 합한 금액이라는 점이다. 이러한 점에서 이 지표는 단순히 급여의 총합이라는 기존의 인적 자본 비용 계산을 넘어 구성원들의 원활한 업무 수행을 위해 투자되는 모든 금액을 의미한다고 할 수 있다. 인적 자본 부가가치(Human Capital Value Added)는 기업 수익에서 급여와 복리후생비를 차감한 부가가치를 총 직원 수로 나눈 것으로, 이는 인적자원 투자 전 직원 1인당 창출한 부가가치를 계산한 것이다. 인적 자본 투자 수익률(Human Capital Return on Investment: HCROI)은 경제적 부가가치인 EVA를 급여와 복리후생비의 합으로 나눈 값이다. 이러한 점에서 HCVA

가 직원 1인당 창출한 부가가치라면, HCROI는 직원에 투자된 금액 단위당 부가가치를 의미한다. 인적 자본 시장가치(Human Capital Market Value: HCMV)는 시장 가치(Market Value)에서 장부 가치(Book Value)를 뺀 금액을 총 직원 수로 나눈 값으로, 직원 1인당 창출한 유형자산 및 재무적 자산 금액을 초과하는 지적 및 인적 자산의 크기를 의미한다.

이러한 인적자원가치 측정 지표들 사용 시에는 해당 기업의 전략과 조직문화의 특성을 감안하여 설정하여야 하며, 계량적 지표가 갖는 의미의 명료함과 계산의 편리성을 충분히 활용하는 동시에, 이러한 정량적 정보가 갖는 한계인 직원들의 태도나 행위 등에 대한 심층 가치 측정이나 단기적 수익을 넘어 창출 가능한 미래 가치 예측 등에 대한 부분 역시 존재함을 주지해야 한다.

4 하나금융그룹의 인재유지전략

1) 총 보상(Total Rewards) 제공

오늘날 인재들이 조직을 선택하고 근속하도록 하기 위하여 단순히 금전적 보상만이 아닌 다양한 가치들을 제공하는 기업들이 늘고 있는데, 직원들에게 다양한 가치 제안을 해주는 것을 '직원가치제안(Employee Value Proposition, EVP)'라고 한다. 이러한 가치들에는 비교적 간접적이며 교환적 보상인 경쟁력 있는 복리후생이나 퇴직연금과 같은 복리후생이 있을 수 있으며, 비금전적이지만 자신의 역량이 성장할 수 있고 다양한 경험을 할 수 있는 학습과 개발 기회를 제공하는 것도 일종의 보상에 포함될 수 있다. 뿐만 아니라 하루 대부분의 시간을 보내는 직장에서의 작업환경이나 상사 및 동료들과의 관계 등에서 오는 비금전적이고 간접적인 보상 형태도 있을 수 있다.

〈그림 Ⅳ-22〉 총 보상(Total Rewards)

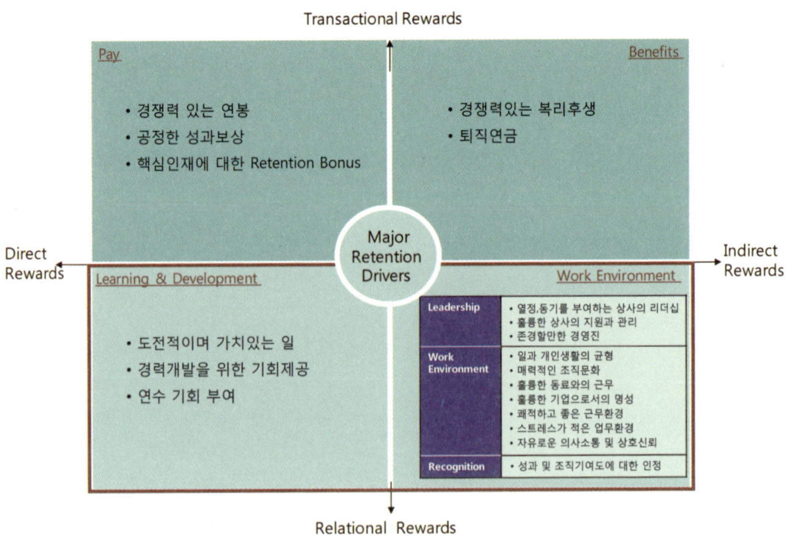

하나금융그룹에서는 직원들의 다양한 가치 요구들을 반영하여 이들에게 보상함으로써 인재의 이탈을 방지하고 만족을 높이고자 2009년 이러한 직원가치제안 프로그램을 도입하였다. 하나금융그룹에서 '총 보상(Total Rewards)'이라고 부르는 가치제공 프로그램은 크게 보상을 보상의 직접성과 보상의 거래성이라는 두 축으로 구분하고 있다.

그림에서 보듯이 전통적인 보상으로 여겨졌던 임금이나 복리후생은 거래적 형태의 보상으로, 학습이나 성장의 기회, 업무 환경 등은 관계적 보상에 위치해 있다. 특히 직원들의 성장을 위해 하나금융그룹은 매년 40명 이상이 국내 및 해외 MBA 과정을 이수하도록 지원하고 있는데, 이 인원은 유사한 제도를 운영 중인 국내 타 금융기관들에 비해 훨씬 많은 수이다. 앞서 살펴본 바와 같이, 경력개발프로그램과 전략적 인적자원에 대한 육성과정, 리더십 과정 등을 통하여 하나금융그룹은 다양한 인재육성 프로그램을 제공하고 있으며, 이러한 인재에 대한 집중적인 투자는 뛰어난 인재를 확보하는 유인책일뿐만 아니라 조직 내의 우수한 인력의 조직 이탈을 억제하는 효과 또한 갖고 있다. 하나금융그룹에서는 전일 프로그램(Full-Time)뿐 아니라 주말을 이용한 EMBA나 국내 대학 및 해외 유명 대학과 연계된 금융특화 MBA 과정을 제공하고 있으며, 미국과 유럽 등지의 해외 명문대학의 MBA를 밟을 수 있는 기회 역시 풍부하게 제공하고 있다. 이러한 경영학 석사학위 과정뿐 아니라 직무 전문성과 관련된 공인된 장 · 단기 연수 기회 역시도 다양하게 제공하고 있는데, 특히 투자금융(Investment Banking: IB), 프라이빗 뱅킹(Private Banking: PB), 웰스매니지먼트(Wealth Management: WM), 기업금융(Corporate Banking), 리스크관리(Risk Management), 자금/운용(Treasury) 등의 핵심직무의 경우 영국, 미국, 홍콩, 싱가포르 등의 다양한 국가에서 해당 프로그램을 이수할 수 있도록 집중지원하고 있다. 이러한 교육 기회뿐 아니라 중국, 홍콩 등의 글로벌 네트워크를 이용하여 해외지점 직무연수나 중국어학연수의 기회를 폭넓게 제공하고 있다. 또한 보상의 직접성 측면에서 보자면, 임금과 교육 기회 등은 직접적인 보상으로, 복리후생과 업무 환경 등은 이들에 비해 상대적으로 간접적인 보상으로 고려되고 있다. 이러한 총 보상의 개념을 기반으로 하나금융그룹은 직원들이 가질 수 있는 다양한 가치 욕구들을 충족시킴으로써 인재들이 보다 업무에 집중하고 조직에 헌신할 수 있도록 지원하고 있다.

2) 조직정착 지원

금융그룹은 다양한 직원유지(Retention) 프로그램을 통해 신입 및 경력사원의 조직 적응도 및 직무 만족도 제고로 업무 몰입을 향상할 수 있도록 하고 있다. 신입사원들의 조기 퇴직과 원활한 조직 적응을 위하여 선배직원과 후배직원이 1 대 1로 짝을 이루어 1년간 정례 미팅과 수시 접촉을 통하여 인간적 유대와 맺게 되는데, 하나금융그룹에서는 흔히 멘토링 시스템으로 알려져 있는 이 프로그램을 '벗바리 제도(Mentoring System)'라고 부른다. 1994년부터 시행된 벗바리제도의 '벗바리'라는 뜻은 '뒤에서 힘이 되어주는 사람' 혹은 '곁에서 도와주는 사람'이라는 뜻의 순우리말이다. 이를 통해 선배직원들은 후배들이 조직에 대한 몰입뿐 아니라 성공적인 업무 수행에 있어 필요한 지식과 기술들을 나누어 직무 전문화를 돕게 된다. 이러한 초기 1년 내 프로그램뿐 아니라 이를 전 조직에서 퇴직률이 가장 높은 입사 후 3년까지로 확장하여 생애관리를 해주는 '하나 Incubating Program' 역시도 이직을 방지하기 위한 하나금융그룹의 독특한 전략이다. 이 프로그램은 첫 출근과 그 후 3년간의 일정을 아기가 태어나고 100일을 걸쳐 첫돌을 맞는 과정을 차용하여 입사 후 첫 출근 시의 환영행사와 100일 기념 축하 잔치, 그리고 동기들과의 MT를 떠나는 돌 잔치, 마지막으로 3년에 해당하는 1000일 잔치에는 배낭여행 등을 할 수 있는 해외연수와 특별휴가를 제공한다. 뿐만 아니라 이른바 '디지털 유목민(Digital Nomad)'라 불리며 각종 SNS에 익숙한 세대들의 친목 도모를 위해 인터넷 카페를 오픈하여 직원들이 온라인 공간을 통해 일상생활에 대한 소소한 대화뿐 아니라 각종 아이디어와 본인만의 업무 지식 노하우 등을 공유하도록 하고 있다. 또한 신입사원들의 경우 직장 선택 시 가족들의 영향력이 지대하다는 점을 고려하여 부모님 초청 행사와 CEO 레터 발송, 부모님과 함께 하는 연수원 방문 체험 등을 통해 하나금융그룹으로

〈표 Ⅳ-4〉 신입사원 직원유지(Retention) 프로그램

프로그램(안)	내용	실효성 증대방안
• 벗바리제도 (Mentoring System)	• 선배직원과 신입직원 1:1 matching	• 멘티(Mentee) 선정 기준 정립 - 로얄티(Royalty)+업무전문성 +의지+기술(Skill) 등 • 보상체계 정비(금전+비금전)
• 하나 Incubating 프로그램	• 퇴직률이 높은 입사 후 3년까지 생애관리 • 첫 출근 잔치: 테이프 커팅(Tape Cutting) 등 환영행사 • 100일 잔치: 면(免)수습 기념 축하, 임원 개인 상담 • 돌 잔치: 동기들과 하나되는 1박 2일 MT • 1000일 잔치: Retention Bonus = 해외연수(세미나, 배낭여행 등)+특별휴가	• 이벤트 외 고충상담프로그램 연계 - 임원, 본부부서장 등과 개별 면담, 간담회 등 • 입사감동+인재유지 프로그램 조화
• 인터넷 카페 오픈	• 입사동기별 전용 카페 개설 • 일상생활 외 아이디어, 업무지식 업로드(Up-load)	• 우수 카페에 대한 시상 • 익명성 등 자유로운 의사표현 보장 장치
• 부모님 초청 행사	• 연수 종료 시점에 CEO 레터(Letter) 발송 • 부모님과 함께 하는 연수원 방문 체험 • 사령장 수여식 초청	• 레터(Letter) 발송 시 연수기간 동영상 CD 동봉 • 사령장 수여식 오후 실시 후 가족과 저녁식사 → 익일 발령지 첫 출근 환영 행사

의 입사가 신입사원 개인 한 사람과의 연결이 아니라 그 개인이 속한 소중한 사람들과의 인연이 시작되는 뜻 깊은 기회임을 알리고 있다.

신입사원 인터뷰

Q: 면접 때가 혹시 기억나십니까? 하나금융그룹만의 특이한 점은 무엇이었습니까?

면접 때 뜻밖의 질문을 하셔서 솔직하게 '모르겠습니다. 그러나 한 번 알게 되면 앞으로 절대 잊지 않겠습니다.'라고 말씀을 드렸는데, 그때 보였던 모르는 것을 솔직히 말할 수 있는 용기와 모르는 것을 열정적으로 배우려는 태도를 아무래도 높이 사신 것 같습니다. 입사 후에 스스로 배우려고 하고 한계 없이 도전하려고 하는 것에 대해서 하나금융그룹이 격려하고 지원하는 곳임을 점점 더 실감하게 되는데, 이런 특징은 상당히 보수적인 금융업계에서 상당히 찾아보기 힘든 조직문화인 것 같습니다.

Q: 다른 회사도 지원하셨을 텐데 하나금융그룹을 택하신 특별한 이유라도 있으신가요?

이곳에서 인턴을 할 기회가 있었는데, 6주 동안 일하면서 상당히 발 빠르고 격의 없는 조직문화를 갖고 있는 곳이라는 생각이 인턴 기간 막바지에 흐를수록 강하게 들었습니다. 다른 금융권에 취직한 친구들이 있는데 조직에서 아이디어를 내라고 해서 제안을 해봐도 무시당하기 일쑤라 이제는 그냥 조용히 있다고 하는데, 이 조직에서는 오히려 새로운 아이디어를 내지 않으면 이상한 분위기입니다. 그만큼 진취적이고 열정적인 곳이라 이곳이 첫 직장이 되었으면 생각했습니다.

Q: 하나금융그룹에 관심이 있는 분들에게 이것만은 꼭 어필하고 싶다 하는 부분은 무엇인가요?

하나금융그룹은 정말로 도전적이고 진취적인 사람들에게 다양한 기회를 제공하는 조직이라는 점만은 꼭 말씀 드리고 싶습니다. 잘 알려지지 않았지만 MBA 보내는 인원도 금융권에서 가장 많고, 전문가가 되기 위해 필요한 우수 프로그램에 참여한다는 데 지원을 아끼지 않습니다. 자신만 부지런하고 하고자 하는 적극적인 의욕만 있다면 금융전문가로 성장하는 데 필요한 기회들은 정말 많다고 자신합니다.

신입사원뿐 아니라 경력사원 채용 시에도 어렵게 영입한 직원들이 효과적으로 조직 및 직무에 적응하여 고성과를 창출할 수 있도록 종합적인 지원제도를 마련하고 있다. '온보딩 프로그램(On-boarding Program)'이라고 불리는 경력사원 적응지원제도는 채용 확정 후부터 입사 후 6개월까지 진행되는데, 이러한 기간 설정은 하나금융경영연구소의 연구 보고자료에 근거한 것이다. 이 자료에 따르면, 첫 30일의 경험으로 조직에서 자신들을 환영하고 있는지를 판단하며 신규 입사자의 90%가 첫 6개월 안에 입사지에서의 근무 지속 여부를 결정한다고 한다. 이에 따라 채용 확정 후부터 6개월간 경력직들의 요구사항 및 새로운 조직에서의 조직 적응에 대한 고충 및 인적 네트워크 형성의 어려움 등을 듣고 이를 해결하기 위해 지속적인 관심과 지원을 제공한다. 특히 경력직의 조기 이직은 적정 인력 탐색 및 채용, 선발, 교육훈련과 관련된 비용뿐 아니라 이들이 이직할 때 발생하는 신규 채용 및 선발 비용 발생과 그룹의 대외 이미지 손상 등을 막기 위해 특히 조직적이고 체계적인 관리가 필요한 부분이다. 하나금융그룹에서는 이러한 프로그램을 통해 업무성과 창출 기간의 단축과 입사자의 소속감 제고, 이직률 감소 등의 효과를 얻고 있다.

〈그림 Ⅳ-23〉 경력사원 온보딩 프로그램(On-boarding Program) 로드맵

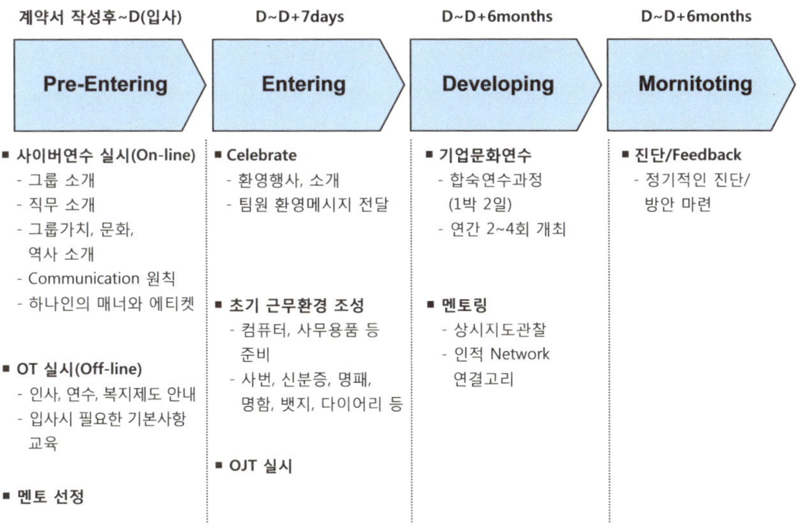

경력 사원 인터뷰

Q: 다른 조직에 계시다가 경력사원으로 입사하셨는데, 다른 회사들 대신 하나금융그룹을 선택한 이유는 무엇인가요?

면접을 보면서 '다른 금융회사들보다 훨씬 자유로운 곳이구나' 하는 생각이 많이 들었습니다. 특히 저 같은 경력사원들 같은 경우에는 입사 후에 적응하는 부분이 큰 이슈인데, 다양한 사람들이 함께 일하는 문화가 정착되어 있는 회사라 다른 곳에서 온 사람이라는 이유로 배타적 태도를 보인다거나 하는 부분은 없을 거라고 생각했습니다. 입사 해보니 정말 다양한 사람들이 협력해서 일하고 서로의 다름을 인정하는 모습들을 확인할 수 있더군요.

Q: 경력사원으로서 조직에서 신속히 적응할 수 있도록 어떠한 지원들을 해주었습니까?

입사 후 2박 3일간 조직문화 관련 교육에 참여했었습니다. 특히나 하나금융그룹은 지금은 CoP라고 하는 학습조직과 동호회를 섞어 놓은 모임이 활성화되어 있는데, 세 군데 가입해서 거기 속해 있는 사람들과 친분을 쌓을 기회를 가지게 되었습니다. 뿐만 아니라 매주 래프팅이나 미술관 관람, 요리 강좌 등이 개설되는데, 관심 가는 활동에 지원 의사를 밝히면 다른 곳에서 일하는 다양한 사람들과 만나서 네트워크를 형성할 수 있게 된답니다. 이렇게 아는 사람이 많아지니 조직에 보다 잘 적응할 수 있었던 것 같습니다.

Q: 경력직으로 하나금융그룹에 관심이 있는 분들에게 이것만은 꼭 어필하고 싶다 하는 부분은 무엇인가요?

입사할 때 경력사항에 대해 매우 자세히 기입하라는 부분이 특이했었는데, 이것을 바탕으로 다양한 직무 기회가 제공되어 관련 경험을 충분히 살릴 수 있었습니다. 아무래도 경력직들은 자신이 축적한 경험들을 살릴 수 있는 기회가 있으면 좋은데, 이 조직에서는 사전에 그런 점들을 파악해서 TFT 구성이나 직무 배치 시에 활용하는 점이 인상적이었습니다. 만약 자신의 경력을 바탕으로 더 많은 성장 기회를 갖고 싶다면 이 조직이 그러한 점을 충족해줄 수 있을 것 같습니다.

직무 배태성(Job Embeddedness)

흔히 자발적 이직(Voluntary Turnover)은 회사를 떠나고자 하는 마음(Desirability of Leaving One's Job)과 옮길 수 있는 외부 여건(The Perceived Ease of Movement)의 함수로 여겨져 왔다. 전자는 직무 만족도(Job Satisfaction)나 조직 몰입(Organizational Commitment), 개인의 특성(Personal Trait) 등이 이직에 어떠한 영향을 주는지에 대한 미시적 수준에서의 '밀어내는 요인(Push Factor)'라면, 후자는 보다 거시적 측면에서 실업률과 같은 구직 시장의 상황이나 산업 내 제도의 변화 등 '끌어당기는 요인(Pull Factor)'와 관련된 것이라 할 수 있다. 이직에 대한 전통적인 접근법은 이렇게 개인 자체나 외부 상황 두 가지에만 초점을 두어 왔으나, 최근에는 사회 연결망 시각(Social Network Perspective)에서 이를 재조명하려는 노력이 증가되고 있다.

세계 최고의 경영학술지로 평가받는 *Academy of Management Journal*에 실린 논문에서 제안된 개념 중 '직무 배태성(Job Emebeddedness)' 역시 이러한 노력의 일환 중 하나로 볼 수 있다. 직무 배태성은 직원의 조직 잔류에 영향을 주어 이직을 억제하는 요소들의 광의적 집합체로 정의되는데, 여기에는 사람들이 타인 혹은 활동들과 연결되어 있는 정도(The Extent to Which People Have Links to Other People or Activities), 그들의 직무와 공동체가 본인 삶의 다른 부분들과 유사하거나 적합성이 있는 정도(The Extent to Which Their Jobs and Communities Are Similar to or Fit With the Other Aspects in Their Life Spaces), 마지막으로 그러한 연결들의 단절 용이성 또는 이직 시 포기해야 할 것들(The Ease with Which Links Can Be Broken-What They Would Give Up If They Left)이 포함된다. 이것들은 각각 '연결성(Links)', '적합성(Fit)', 그리고 '비용(Sacrifice)'이라는 축을 구성하게 되는데, 이렇게 이루어진 직무 배태성은 이전까지 이직을 촉발하는 가장 강력한 개념이었던 직무 만족도나 조직 몰입과 구분될 뿐만 아니라 보다 설명력이 높은 요인으로 평가받고 있다. 이러한 직무 배태성은 해당 조직 이탈 시 정체성의 많은 부분을 구성하고 있는 연결성이 약화되거나 끊어지며 또 다른 탐색이나 적응 활동에 에너지와 시간을 투입해야 하는 등 이직으로 인한 심리적 · 물질적 비용으로 인해 자연적으로 이직이 억제되는 효과를 낼 수 있게 한다. 이러한 효과는 흔히 인재 유지를 위해 더 많은 금전적 보상을 제공하지만 더 높은 연봉이라는 열쇠에 의해 쉽게 풀려져 버리는 '황금 수갑(Golden Handcuffs)'보다 훨씬 강력한 이직 억제책이 될 수 있다. 뿐만 아니라 직무 배태성의 증가는 동료의 이직으로 인해 그것이 다른 직원들에게까지 전염되는 이른바 '이직 확산(Turnover Contagion)' 현상을 줄이는 역할까지 할 수 있다는 점에서 주목할 만하다.

V

앞서 살펴본 조직의 역사와 그 궤를 같이 하는 조직의 핵심가치들,
인재에 대한 상(像)과 육성방법 등은 외부 환경이 변함에 따라
불변(不變)하기도 하고 변용(變容)되기도 하며 때로는 일신(一新)하기도 한다.
환경의 변화에 때로는 응전하기도 하고, 또 한편으로는 적응하기도 하면서
조직은 성장하고 진화하며 발전한다. 그리고 현재 환경 하에서의
도전 과제들을 성공적으로 해결하는 동시에 다른 기업들보다 더 빨리,
더 높이 성장하고 발전하는 데는 보다 많은 노력이 요구된다.
이 장에서는 향후 하나금융그룹의 목표와 이를 달성하기 위한
인재관리의 과제들을 살펴보면서
하나금융그룹의 도전과 진화 방향에 대해 고민해본다.

번잡한 인간사와는 달리 더없이 평화로워 보이는 드넓은 초원에서 갑자기 가젤영양 무리가 뛰기 시작한다. 땅 위에서 가장 빠른 동물인 치타가 등장한 것이다. 사자도 따돌린다는 가젤영양에게도 시속 110~120km의 속도를 자랑하는 치타는 가장 두려운 존재이다. 그러나 이렇게 위협적인 치타 역시 영양 사냥에 있어 성공률은 50%가 채 되지 않은데, 이는 빠른 속도를 낼 수 있는 대신 치타는 그 속도를 15초 정도만 유지할 수 있기 때문에 영양이 그 보다 조금 더 오래 속력을 유지할 경우 잡히지 않기 때문이다. 결국 서로의 스피드와 몸의 구조는 가젤영양은 치타에게 붙잡히지 않기 위해, 치타는 가젤영양을 붙잡기 위해 더 빨리, 더 오래 달릴 수 있도록 진화에 진화를 거듭한 결과의 산물이다. 그리고 이러한 진화는 지금의 먹이사슬 관계가 계속되는 한 현재진행형일 수 밖에 없다.

이렇게 서로가 서로에게 영향을 미치며 상호 진화한다는 '공진화(Co-Evolution)'의 개념은 미국의 생물학자인 반 밸런(Van Valen)이 상호 자극을 주고받으며 진화하는 과정을 '붉은 여왕(Red Queen)'으로 설명한 이후 생물학뿐 아니라 경영학에서도 널리 쓰이고 있다. 이러한 공진화가 '붉은 여왕 효과(Red Queen Effect)'로 불리게 된 배경에는 '이상한 나라의 앨리스'의 저자인 루이스 캐럴의 '거울을 통하여(Through the Looking Glass)'라는 소설에서 유래한다. 붉은 여왕이 앨리스의 손을 잡고 달리지만 앨리스는 전혀 앞으로 나아가지 못하는 것처럼 느껴지자 그 이유를 여왕에게 묻는다. 이때 여왕은 대답한다.

"제자리에 머물기 위해서는 온 힘을 다해 뛰어야 한다. 만약 다른 곳으로 가기 위해서는 지금보다 최소한 두 배는 빨라야 한다."

제 V 장

하나금융그룹의 도전과 향후 과제

1 중장기 전략 및 목표

앞서 살펴본 것처럼 하나금융그룹은 탁월한 혁신을 통해 은행 전환 4년 만에 국내 은행 역사상 최단 기간 총수신 10조 원을 돌파하고 30여 년이 넘게 흑자경영과 배당수익을 실현하고 있다. 그러나 하나금융그룹은 현 성과에 안주하지 않고 또 다른 목표를 지향하고 있다. 이것이 바로 아시아 기반의 세계 50대 금융그룹으로의 성장이다. 하나금융그룹은 강력한 기업문화의 기반 위에 국내은행권 부문 TOP 1, 비은행 부문 TOP 3, 아시아 내 주요 거점 확보를 달성함으로써, 2015년까지 글로벌 금융그룹으로 도약하려는 전략 목표를 갖고 있다. 이러한 중장기 전략 및 목표 달성을 위하여 인재관리 상의 발생 이슈들과 도전 과제들을 짚어 보고 대응 방안을 모색해 보고자 한다.

〈그림 Ⅴ-1〉 하나금융그룹의 중장기 전략 및 목표

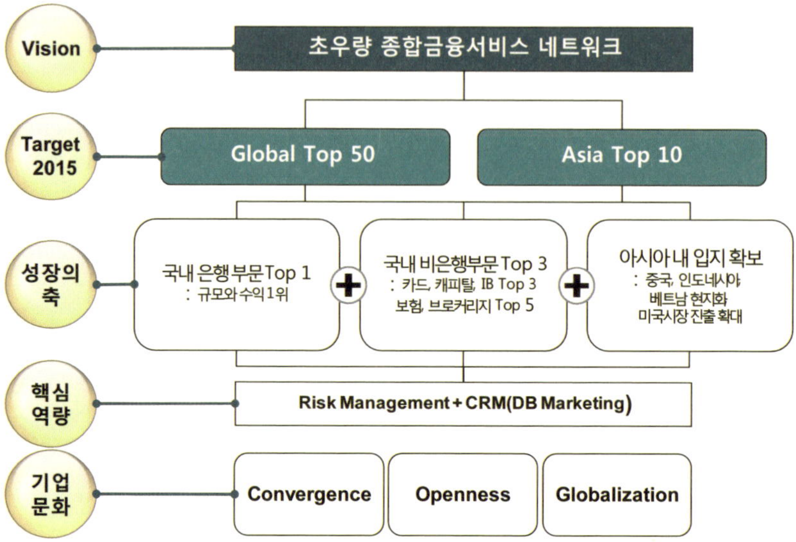

2 향후 과제

글로벌 경쟁 격화와 고객 요구의 다양화, 그리고 글로벌 스탠다드에 부합하는 서비스 제공 등의 외부환경 변화와 하나금융그룹의 내부 이슈–다양성 관리, 성장과 혁신 동시 추구, 핵심인재 확보 및 유지–등은 향후 핵심인재관리 전략에 있어 몇 가지 해결 과제들을 제시한다. 먼저 다양한 조직 구성원들을 건설적으로 통합할 수 있느냐가 핵심 이슈 중 하나이다. 이는 하나금융그룹의 성장에 있어 독특한 역사성에서 기인하는데, 하나금융그룹은 98년, 99년, 그리고 2003년 6년에 걸쳐 세 번의 대규모 인수합병을 경험한다. 국내 금융그룹 역사에서 전무후무한 단기간의 집중적인 합병의 역사는 하나금융그룹 내 인적 구성의 다양성(Diversity) 혹은 이질성(Heterogeneity)을 높였고 이로 인해 발생하는 갈등과 반목들을 자율성은 유지하면서도 이를 건설적으

〈그림 V-2〉 하나금융그룹의 향후 과제

로 통합시킬 것인가에 대한 화두를 크게 부각시키게 된다. 이 때문에 하나금융그룹에서는 다양한 구성원들을 '하나인'으로 융합시키는 방안을 다양하게 모색하고 있다. 타사에서 일반적으로 볼 수 있는 사훈이나 사가는 하나금융그룹에 없으며 조직 문화와 핵심가치는 공식적인 교육프로그램을 통해 체화된다. 뿐만 아니라 철저한 능력중심의 인사운영이 가능할 수 있도록 각종 학연 및 지연 등의 발생을 철저히 차단하고 있으며 어느 조직을 통해 하나금융그룹의 일원이 되었는지에 상관없이 역량과 능력을 통해 검증된 인재들을 중용한다. 타 은행 출신으로 하나은행에 입사하여 은행장에 오른 현 하나은행장의 행보는 이러한 하나금융그룹의 인사철학을 단적으로 보여주는 사례이다.

전통적인 시각에서는 서로간의 친밀함과 동질성이 가장 바람직하게 여겨져 왔지만, 구성원의 동질성이 오히려 조직의 발전을 저해하는 걸림돌로 작용할 수 있으며 오늘날처럼 다른 배경과 생각들을 가진 사람들과의 인적 교류가 확대되면서 '누구와도 일할 수 있다'는 정신이야 말로 최적의 덕목이 되어 가고 있다. 최근 경영학에서도 어느 정도의 동질성에 바탕을 두고 집단 구성원들이 다양할 때 오히려 최고의 효율성과 혁신을 달성한다는 결과들이 발표되고 있는데, 이렇게 비록 서로 다른 환경에서 일해온 사람들 간의 인식 차이로 인한 갈등들은 오히려 조직 내 비판적인 시각을 확보하게 함으로써 조직 구성원들이 현 상태에서 안주하는 것을 일깨우기도 하고 서로 간 시각차의 건설적 융합을 통해 새로운 혁신이 생겨날 수 있는 일종의 성장통과 같은 것이라고 할 수 있다.

다음 이슈는 조직의 성장과 혁신 문화에 관련된 것으로, 조직의 성장과 발전은 설립 이후 바람직한 방향이지만 조직이 거대해지면서 잃게 되는 부분도 역시 존재하게 된다. 가족 같이 서로를 챙겨주고 관심을 가져주는 분위기와 조직에 대한 심리적 주인의식을 가지고 열정적으로 발전시키려는 열정은 조직이 성장하기 위해 지불해야 할 대가가 되었다. 하나금융그룹의 경우에도 직원들의 생일에 김승유 회장이 손수 자필로 생일카드를 적어 전해주던 모습이 조직 구성원이 많아짐에 따라 어느덧 사라졌다. 조직의 성장으로 인한 혁신적 문화의 퇴색은 핵심인재를 확보하고 유지하는데 있어서도 커다란 걸림돌로 작용할 수 있다. 그렇다고 조직의 더 나은 발전을 위한 성장을 하지 않는다는 것은 조직의 생존과 관련되므로 조직의 성장을 유지하면서 혁신적인 문화를 어떻게 동시에 달성해야 할 것인가를 고민하여야 한다.

이와 관련하여 최근 경영학에서는 소위 '양손잡이 조직(Ambidextrous Organization)' 에 대한 논의가 활발히 이루어지고 있는데, 이는 현 시점에서 탁월한 운영 성과(Operational Performance)를 창출하면서도 향후 조직 성장의 동력원을 발굴하는 혁신 활동(Innovative Activities) 부문에서도 탁월한 조직을 의미한다. 과거 효율과 혁신을 양립 불가한 목표로 본 반면 경영 환경이 급변하는 오늘날에는 현재 조직 운영을 효율적으로 함으로써 혁신을 위한 기반을 마련하고 미래 성장을 위한 혁신을 지속적으로 펼침으로써 향후에 운영 효율성 역시 확보할 수 있는 일종의 '역설 경영(Paradoxical Management)'이 필요하게 된 것이다. 이러한 '양면성(Ambidexterity)'은 조직뿐 아니라 리더들과 핵심인재들의 양손잡이화를 촉진시키는데도 시사점을 제공하고 있는데, 이를 위해서는 핵심인재들이 평소 직무 수행에 있어서는 업무 공식화(Formalization)를 통해 불필요한 시간 낭비를 최소화하고 시간을 보다 혁신적인 활동에 사용할 수 있도록 맥락적 양면성(Contextual Ambidexterity)을 조성해주는 것이 선행되어야 한다. 이러한 측면에서 하나금융그룹에서는 만 명이 넘는 직원들에게 자주, 자율, 진취라는 창업 정신에서부터 스며들어 있는 혁신적 문화를 되살리기 위하여 'Back to Basics'를 강조하고 경영원칙으로 돌아갈 것을 강조하는 것은 이러한 부분과 상통한다고 할 수 있다.

마지막으로 지금까지 하나금융그룹 혁신의 원동력은 바로 '사람'이라고 할 수 있는데, 세계적인 금융그룹으로 도약하기 위해서는 향후에도 인재의 확보, 육성, 유지와 관련된 핵심인재관리전략을 끊임없이 재정비하고 업데이트시켜야 한다. 특히나 이 과정에서 흔히 핵심인재관리를 인사부서만의 일로 치부하거나 단기간에 집중하면 된다는 생각을 가진 경우가 많은데, 핵심인재관리는 비단 인사부서만의 업무 경계를 넘어 일선 관리자들과 최고경영진들 모두가 관심을 갖고 열정적으로 참여해야만 하는 지속적인 과정이다. 일선 관리자들은 핵심인재들과 함께 일하고 그들을 제대로 양성할 일차적인 책임을 가진 사람들이며, 최고경영자를 비롯한 경영진들은 조직의 핵심인재관리가 제대로 이루어질 수 있도록 막대한 힘을 실어주는 존재들이다. 이러한 전폭적인 지지와 일상의 코칭이 가능할 때 핵심인재관리는 그 효과를 제대로 발휘할 수 있게 된다. 뿐만 아니라 핵심인재관리는 확보부터 육성에 이르기까지 많은 시간과 에너지를 투자해야 하는 과정이므로 단기간에 핵심인재관리의 효과를 판단하기보다는 보다 긴 호흡을 가지고 관리하고 지원하려는 장기적 시각과 지속적 인내가 필요하다.

〈조선일보 기사 라이벌 vs. 라이벌(2004년 6월 20일)〉

"사람이 '자산'이다"

이달 초 하나은행 김승유(金勝猷) 행장은 부자 고객을 상대하는 프라이빗 뱅커(Private Banker · PB)들을 대상으로 "은행에서 은행장 할 생각하지 말고, 고객과의 유대 관계를 재산으로 삼아 나중에 사모주식펀드를 만들어 사장 할 생각하라"고 말했다.

이는 한 번 PB를 하겠다고 마음 먹었으면 은행이란 틀에 구애받지 말고 자기 분야에서 최고 인재로 성장하라는 뜻이다.

김 행장은 주변 사람에게 "하나은행이 금융계의 사관학교가 됐으면 좋겠다"는 말을 자주 한다. 그는 인재 양성에 투자를 아끼지 않지만 그 인재가 다른 회사로 옮겨 가더라도 하나은행은 그렇게 손해를 보지 않았다고 생각한다. 김 행장은 "하나은행 출신들이 우리나라 금융산업의 발전을 위해 기여한다면 우리로서도 보람있는 투자다"라고 말했다. 하나은행은 올해 직원 연수 예산을 작년 50억 원에서 100억 원으로 2배나 늘려 잡았다.

기존의 틀에서 벗어나자는 김 행장의 메시지를 엿볼 수 있는 대목이다. 그는 항상 자유로운 사고를 바탕으로 조직 변화를 선도해왔다. 1971년 하나은행의 전신인 한국투자금융에 창립 멤버로 입사해 30대에 임원(부사장)으로 승진했다. 1991년 한국투금 전무 시절에는 은행으로의 전환을 주도했다. 1997년 하나은행장이 된 후엔 국내 금융권에선 최초로 고객들을 위한 '클래식 아카데미' '미술아카데미' 등 문화마케팅을 시작했다. 객장에 증권 · 보험 창구를 만든 것도 그의 아이디어다.

하나은행에는 '행훈'도 '행가'도 없다. 도식화된 틀 속에서 직원들의 생각이 제한되는 것을 바라지 않기 때문이다.

김 행장이 1998년 이후 충청 · 보람 · 서울은행의 합병을 잇달아 성공시킨 배후에는 이 같은 경영철학이 큰 역할을 했다. LG투자증권은 최근 보고서에서 "하나은행의 놀라운 펀더멘털 개선은 김승유 행장이라는 '매니지먼트 밸류(Management Value · 경영가치)'를 빼놓고는 상상하기 어렵다"고 평가했다.

'모두'가 참여하는 인재관리

대부분의 최고경영자들과 리더들이 '인사(人事)가 만사(萬事)'라고 말하지만, 조직이 어려울 때나 경기가 좋지 않을 때 가장 먼저 인건비 절감이 고려되고 교육예산이 대폭 삭감된다는 현실은 정말 인사가 만사인지에 대해 의문을 들게 한다. 이와 더불어 인재관리와 관련하여 가장 큰 오해 중 하나는 핵심인재확보와 육성을 단지 인사부서만의 일로 치부하는 것이다. 그러나 인재확보와 육성, 그리고 유지는 일선 관리자를 비롯한 모든 리더들 공동의 의무이자 책임이다.

특히 최고경영자의 핵심인재관리에 대한 시각과 사고는 전 조직 구성원들에게 해당 회사가 인재를 얼마큼 우대하고 중시하는지를 보여주는 가장 중요한 신호(Signal)가 된다. 고성과작업시스템 또는 고몰입 인적자원 관리제도(High-Performance Work System 혹은 High-Commitment Human Resource Management) 등을 도입하고 이를 적극적으로 실행하는 정도는 최고경영자가 얼마나 이에 열의를 가지고 참여(Involvement)하느냐에 따라 달라졌으며(강성춘 · 윤현중, 2009), 위환 위기 이후 성과주의 인사제도 도입 시기 및 실행 정도는 경영자의 의지와 노력에 크게 좌우되는 특징을 보였다(노용진 · 김동배 · 박우성, 2003; 유규창 · 박우성, 2007). 또한 인사담당 임원의 존재나 인사부서의 위상 등이 고몰입 인적자원 시스템의 운영 및 실행에 있어 효율성을 증대시켜 주는 연구 결과들(김재원 · 김성수 · 류성민, 2004; 류성민 · 김성수, 2007) 또한 존재한다. 뿐만 아니라 2007년 한 취업사이트의 조사에 의하면 20대 직장인 1,000명 중 75%가 직속 상사 때문에 이직을 생각하는 경우가 많고 이직 직장인 2,057명을 대상으로 한 설문에서도 이직 사유 중 4위를 차지하는 등 직속 상사와의 문제로 이직을 결심하는 경우가 많다는 점을 볼 때 일선 관리자들의 인재육성 리더십이 크게 필요한 부분이라고 하겠다.

3 맺음말

지금까지 '자주', '자율', '진취', 그리고 'Integrity'라는 핵심가치를 바탕으로 지난 40여 년간 대한민국 금융의 역사를 다시 써내려 온 하나금융그룹의 혁신적 인재관리전략에 대해 살펴보았다. 하나금융그룹은 소위 '인재전쟁'이라고 불리는 인재난 속에서 소위 스펙이 화려한 지원자보다는 하나의 핵심가치에 부합하는 '적합한 인재(Right People)'을 선발하기 위해 HVI(Hana Value Inventory)와 같은 해당 조직에 맞는 선발시스템을 확립해왔으며, 이렇게 선발된 직원들 개개인이 최적화된 경력개발프로그램을 통해 금융전문인력으로 양성될 수 있도록 다양한 기회를 제공하고 있다. 뿐만 아니라 우선육성대상자를 선발하여 상위 직책을 성공적으로 수행할 수 있는 역량을 개발시키며 총 보상의 관점에서 이들의 조직 이탈을 최소화하고 있다.

그러나 우리가 무엇보다 주목해야 할 것은 인재확보 및 육성, 그리고 유지방안의 전 과정을 하나로 관통하고 있는 그 '무엇'이다. 하나인들은 이 '무엇'에 대해 서슴없이 하나금융그룹의 핵심가치라고 말한다. 즉, 하나금융그룹의 인재철학 및 관리는 철저하게 자주, 자율, 진취, 그리고 Integrity에 근거하여 이루어지고 있다. 이런 점에서 하나금융그룹이 2015년까지 설정한 글로벌 탑 50, 아시아 탑 10이 그룹 전체의 재무중심적 비전이자 목표라면, 자주, 자율, 진취, 그리고 Integrity는 하나인(人) 전체의 성장을 위한 출발점이자 지향점이라고 할 수 있다.

지난 40여 년간 하나금융그룹은 핵심가치와 인재관리방안 간 긴밀한 연계 노력을 통하여 수많은 혁신적 성과들을 이루며 대한민국 금융의 역사를 새롭게 써내려 왔다. 그러나 소위 '인재전쟁' 시대에 인재확보 및 육성, 유지에 대한 고민은 언제나 현재진행형일수 밖에 없는데, 바로 이러한 지속적이고 치열한 고민이야말로 그동안 하나금융그룹의 인재관리방안이 차별적 가치를 유지할 수 있었던 기반인 동시에 미래의 또 다른 도약과 변신을 할 수 있는 동력으로 기능할 것을 기대하는 이유이기도 하다. 자주, 자율, 진취, 그리고 Integrity를 바탕으로 2015년 글로벌 탑 50, 아시아 탑 10을 향해 쉼 없이 질주하는 하나인(人)들의 미래를 기대해본다.

참고문헌

국내문헌

강성춘 · 윤현중(2009). 「고성과작업 시스템의 활용과 효과의 상황적합성」. 『인사조직연구』, 17(4): 125-168.

김재원 · 김성수 · 류성민(2004). 「인사부서의 전략적 의사결정 참여가 인사관리의 효과성에 미치는 영향」. 『인사조직연구』, 12(3), 127-161.

노용진 · 김동배 · 박우성(2003). 「혁신적 인사관리제도 도입의 영향요인」. 『경영학연구』, 32(4): 955-981.

류성민 · 김성수(2007). 「환경, 인사부문의 전략적 참여, 인사시스템, 인사관리효과성 및 기업성과의 관계에 대한 연구」. 『인사조직연구』, 15(1): 1-43.

심재우(2006). 『GE의 핵심인재는 어떻게 단련되는가』. 스마크비즈니스.

이용진 · 김성수(2010). 「중국진출 한국기업에서 인사부서의 전략적 참여, 경쟁전략, 몰입형 인사시스템 및 기업성과간의 관계」. 『조직과 인사관리연구』, 34(2): 135-166.

유규창 · 박우성(2007). 「성과주의 인사제도의 도입 영향요인 및 조직성과」. 『인사조직연구』, 15(3): 187-224.

허진(2001). 「인적자원가치 어떻게 측정하고 개선할 것인가」. 『경영정보』. LG주간경제.

하나금융그룹 30년사.

국외문헌

Buchanan, M. 2007. *The Social Atom: Why the rich get richer, cheaters get caught, and your neighbor usually looks like you*. Bloomsbury.(김희봉 역, 2010, 『사회적 원자』, 사이언스 북스).

Cable, D. M., & Judge, T. A. 1996. "Person-organization fit, job choice decisions, and organizational entry." *Organizational Behavior and Human Decision Processes*, 67: 294-311.

Charan, R., Drotter, S. & Noel, J. 2000. *The Leadership pipeline: How to build the leadership-powered company*. Jossey-Bass.(한근태 역, 2001, 『리더십파이프라인』, 미래의 창)

Chatman, J. 1991. "Matching people and organizations: Selection and socialization in public accounting firms." *Administrative Science Quarterly*, 36: 459–484.

Christakis, N. A., & Fowler, J. H. 2009. *Connected: The surprising power of our social networks and how they shape our lives*, LittleBrown & Co.(이충호 역, 2010, 『행복은 전염된다: 하버드대가 의학과 과학으로 증명해낸 인간관계의 비밀』, 김영사)

Gladwell, M. 2002. "The Talent Myth: Are smart people overrated?," *The New Yorker*, July 22: 28–33.

Hailey, V. H., Farndale, E., & Truss, C. 2005. "The HR department's role in organizational performance." *Human Resource Management Journal*, 15(3): 49–66.

Holtom, C., Mitcell, R., Lee, W. & Erez, M., 2001. "Why people stay: Using job embeddedness to predict voluntary turnover." *Academy of Management Journal*, 44(6), 1102–1121.

Martin, J. & Schmidt, C. 2010. "How to keep your top talent.", *Harvard Business Review*, 1–8.

Mitchell, R., Hekman, R., Lee, W., Holtom, C. & Harman. 2009. "Turnover contagion: How coworkers' job embeddedness and job search behaviors influence quitting." *Academy of Management Journal*, 52(3): 545–561.

Micheals, E. 2001. *The War for Talent*. Harvard Business School Press. (최동석 역, 2002, 『인재전쟁』, 세종서적)

O'Reilly III, C. A., & Chatman, J. A. 1996. "Culture as social control: Corporations, culture, and commitment." In B. M. Staw and L. L. Cummings (eds.), *Research in Organizational Behavior*, 18: 287–365. JAI Press.

O'Reilly III, C. A., & Pfeffer, J. 2000. "Cisco Systems: Acquiring and retaining talent in hypercompetitive markets.", *Human Resource Planning*, 23: 38–52.

Posner, B. Z., Kouzes, J. M., & Schmidt, W. H. 1985. "Shared values make a difference: An empirical test of corporate culture." *Human Resource Management*, 24: 293–309.

Reagans, R., & Zuckerman, E. W. 2001. "Network, diversity, and productivity: The social capital of corporate R&D teams." *Organization Science*, 12(4): 502–517.

Sheehan, C., Cooper, B., Holland, P., & Cieri, H. D. 2007. "The relationship between HRM revenues of political influence and perceived organizational performance." *Human Resource Management*, 46(4): 611–629.

Sheridan, J. E. 1992. "Organizational culture and employee retention." *Academy of Management Journal*, 35(5): 1036–1056.

Sorensen, J. B. 2002. "The strength of corporate culture and the reliability of firm performance." *Administrative Science Quarterly*, 47: 70–91.

Wagner, W. G., Pfeffer, J., & O'Reilly III, C. A. 1984. "Organizational demography and turnover in Top-Management Groups." *Administrative Science Quarterly*, 29: 74–92.

Weber, R. A., & Camerer, C. F. 2003. "Cultural conflict and merger failure: An experimental approach." *Management Science*, 49(4): 400–415.

Welbourne, T. M., & Andrews, A. O. 1996. "Predicting the performance of initial public offerings_Should human resource management be in the equation?" *Academy of Management Journal*, 39(4): 891–919.

Welbourne, T. M., & Cyr, L. A. 1999. "The human resource executive effect in initial public offering firms." *Academy of Management Journal*, 42(6): 616–629.

Wright, P. M., McMahan, G. C., McCormick, B., & Sherman, W. S. 1998. "Strategy, core competence, and HR involvement as determinants of HR effectiveness and refinery performance." *Human Resource Management*, 37(1): 17–29.

Uzzi, B. 1996. "The sources and consequences of embeddedness for the economic performance of organizations: The network effect." *American Sociological Review*, 61: 674–698.

Uzzi, B. 1997. "Social structure and competition in interfirm network: The paradox of embeddedness." *Administrative Science Quarterly*, 42: 35–67.

Uzzi, B., & Spiro, J. 2005. "Collaboration and creativity: The small world problem." *American Journal of Sociology*, 111(2): 447–504.

Yamagishi, T. & Mifune, N. 2009. "Social exchange and solidarity: In-group love or out-group hate." *Evolution and Human Behavior*, 30(4): 229–237.

Zenger, T. R., & Lawrence, B. S. 1989. "Organizational demography: The differential effects of age and tenure distributions on technical communication." *Academy of Management Journal*, 32(2): 353–376.

찾아보기

Abstract

Human Resource Management of Hana Financial Group

Seongsu Kim

Hana Financial Group started as Korea Investment & Finance Company in 1971. Over the years, Hana Financial Group expanded its business and acquired other companies to grow into one of the biggest financial groups in Korea. Recently, government authorities approved Hana Financial Group's merger with Korea Exchange Bank, making Hana a major player in the Korean financial industry. Currently, Hana Financial Group is thought of having a balanced business portfolio primarily composed of commercial banking, investment banking, and asset management.

Throughout its history, Hana Financial Group introduced innovative and excellent services that have transformed the financial industry in Korea. Hana Bank, Hana Financial Group's flagship company, was chosen as the Best Private Bank in Korea for the past 7 years by Euromoney. The achievements of Hana Financial Group are undoubtedly the result of dedication, forbearance, and innovative thoughts of its employees.

Hana Financial Group is known for its superb human resource (HR) management and this book documents in detail its HR strategies and policies. Especially, Hana Financial Group's talent development and management policies are cutting-edge and draw much attention from both the business world and academia.

The primary purpose of this book is for use in the MBA program at the

Graduate School of Business of Seoul National University. Hana Financial Group has generously provided all the necessary and pertinent information for the completion of this book. Most companies are wary of sharing detailed corporate information, but Hana Financial Group has been very proactive in sharing its business information. This is because Hana Financial Group is highly dedicated to nurturing future business leaders in better understanding the financial industry and better preparing them for the tough challenges of the field.

:: 발간사

서울대학교 경영연구소의 '한국기업경영사 연구사업'은 한국기업경영에 대한 역사적 연구를 통하여 우리나라 기업경영의 역사와 변천과정, 그리고 이의 성과를 평가하고 미래발전에 대한 시사점을 제시하는 것을 기본 목적으로 시행되었으며, 그 연구의 결과로 본 총서 시리즈를 발간하게 되었습니다.

한국기업의 성장 발전은 과거 30~40년 사이에 매우 빠르게 이루어져 한국경제 성장을 견인하여 왔으나, 한국기업의 발전과정에 대한 체계적인 연구는 이루어지지 않은 것이 오늘의 현실입니다. 역사를 모르고선 우리나라 기업경영의 미래와 발전을 바랄 수 없습니다. 본 총서는 우리 기업의 발전과정에 대한 체계적인 연구를 통하여 선진외국으로부터 1950년대 후반부터 도입된 경영학과 경영기법들이 한국적 토양에 어떻게 정착되었는지를 고찰하고, 향후 지속적인 발전을 위한 학문적 연구방법 및 한국기업경영의 방향을 모색하였습니다.

본 연구를 토대로 서울대학교 경영연구소는 명실상부 한국기업경영사연구의 중추적 역할을 수행하며, 대학과 연구소의 국제적 경쟁력과 위상을 높일 수 있을 것으로 사료됩니다.

본 연구는 2004년 3월부터 42명의 서울대학교 경영대학 교수와 외부기관의 박사급 이상의 연구원이 공동으로 연구를 하였고, 주제는 산업별 역사, 기업경영사, 기업정책의 변천사 등을 총망라하였습니다.

본 연구총서가 학문적으로 국내외에서 유용한 연구자료로 활용됨은 물론이고, 우리 기업의 성장과정을 직접 체험한 기성세대에게 있어서 기업의 성장 발전과정에 관한 지식을 체계적으로 전달하고, 차세대 젊은이들에게도 유용한 정보를 제공하여 미래 한국기업경영의 방향을 모색하는 데 유익한 자료가 되길 바랍니다.

끝으로 밤을 밝히며 연구에 매진하여 훌륭한 연구실적을 내기까지 노력과 수고를 아끼지 않은 저자 여러분과, 본 연구를 위하여 기꺼이 연구비를 출연하여 주신 SK그룹, 현대자동차그룹, 삼양사에도 심심한 감사를 드립니다.

2005년 7월
서울대학교 경영대학 학장
서울대학교 경영연구소 소장

:: 저자 약력

김성수

서울대학교 경영학과 졸업

미국 University of Chicago 경영학 석사

미국 University of California, Los Angeles(UCLA) 경영학 박사

1997 – 현재 서울대학교 경영대학 교수(전공분야: 인사조직)

수상

우수강의상, 서울대학교 경영대학, 2012

우수연구상, 서울대학교 경영대학, 2012

대한민국학술원 우수도서 선정, 2011 및 2008

Mercer 최우수논문상(Mercer Award), 2004

한국인사조직학회 국제학술상, 2002

미국 경영학회(Academy of Management) 최우수논문상, 1997

저서 및 논문

「인적자원 아키텍쳐가 조직유효성에 미치는 영향」. 『노사관계연구』 13(2): 123 – 142. 2002.

「성과급 제도의 동향과 전망」. 『경영논집』 37(1): 29 – 44. 2003.

『전략적 인사관리』. 서울대학교출판부. 2006.

『한국기업 성과급제도의 변천』(공저). 서울대학교출판부. 2007.

「경영시스템의 변화와 혁신: Transformations of SK」. 『서울대학교 경영연구소 사례시리즈 2』. 우듬지. 2008.

『사원 만족도 관리 전략: 예스코의 변화관리』. 서울대학교출판부. 2009.

『한국 제약기업의 변화와 도전: 한올제약의 전략적 선택』. 서울대학교출판부. 2009.

『네오위즈의 인사관리』. 서울대학교출판문화원, 2010.

『한국기업의 성과주의 인사시스템 변천』, 서울대학교출판문화원. 2010.

『다음커뮤니케이션의 전략적 인사관리』. 서울대학교출판문화원. 2011.

『현대카드 현대캐피탈의 변화와 혁신』. 서울대학교출판문화원. 2011.

서울대학교 경영연구소 기업경영사 연구총서

서울대학교 경영연구소 기업경영사 연구총서

16 우리나라의 회계감리제도 | 이창우 · 유재규 · 고종권

17 개성상인의 현대경영학적 재조명 | 주우진

18 한국 기업의 임금관리 | 최종태 · 박준성 · 이준우

19 한국 장수기업의 성공사례: 삼양사 기업경영사 연구 | 신유근

20 한국 전자산업의 마케팅 발전 과정 | 임종원 · 이한석 · 송상연

21 한국 기업의 인사평가 변천사 | 박오수 · 김기태 · 전병준

22 한국 자동차산업의 제품혁신 역사와 애프터마켓 | 김수욱

23 한국 기업의 경영 정보 시스템 변천사 | 장정주 · 권순동

24 한국 제약기업의 변화와 도전: 한올제약의 전략적 선택 | 김성수

25 사원 만족도 관리 전략: 예스코의 변화관리 | 김성수

26 한국기업의 경영사례 | 김수욱 · 이동기 · 조재호 · 김태웅 · 박재석 · 박지영 · 왕수봉 · 윤선흠 · 조정은

27 네오위즈의 인사관리 | 김성수

28 한국기업의 성과주의 인사시스템 변천 | 김성수

29 다음커뮤니케이션의 전략적 인사관리 | 김성수

30 현대카드 현대캐피탈의 변화와 혁신 | 김성수